キャラメルのお菓子

若山曜子

RECETTES au CARAMEL

山と溪谷社

はじめに

砂糖と水。そこに熱を加えるだけ。

シンプルな材料が、加熱され溶けて混ざり、ブロンドから美しい褐色に変化していく。
色だけではなく、甘い中にほろ苦い、深いコクが生まれます。その匙加減も自分次第。

私は他の素材と混ざってお菓子になった時にも、キャラメルの輪郭を際立たせたいので
赤褐色から墨色に変わるギリギリを攻めたい、と思っています。
だからキャラメルを作るときは、いつだって少し緊張し、鍋中に集中します。

私の記憶の中に、3つの忘れられないキャラメルがあります。
1つ目はモンマルトル近くの、名物マダムのいるキャンディ屋さんで買ったもの。
ガラスのポットから無造作に取り出したのは、駄菓子屋さんのごく普通のキャラメルのようでした。
お値段はけっこうしたので1、2個だけ買い、坂を降りながら、ぽんと一粒口に入れてみる。
その後、「買い占めたい！」と即Uターン。小走りで店へと戻りました。
キャラメルと侮るなかれ、それは「C.B.S®」*といわれる名品。
ブルターニュの自然の恵み、塩とバターの旨みが凝縮された一粒でした。

2つ目はパリの有名シェフのビストロで出会いました。
コーヒーに添えられたキャラメルは、キャラメルらしからぬ明るい綺麗なオレンジ色。
口に含むと、南国の果実を齧ったような爽やかな酸味がパッと口に広がります。
「なんて美味しいの！」と給仕の人に伝えたところ、美味しいよねとウィンクをして、
作っているショコラティエの店名を教えてくれました。
今でもパリに行くたびに買い求める最愛のキャラメルです。

最後は子供の頃に食べた、トリコロールの箱に入った細長く四角いキャラメル。
ゆっくり舐めれば長くもつのに、せっかちな私はいつも齧ってしまい、
甘みがジュワッと溶けて消えゆく瞬間に幸せと切なさを感じたものです。

そんなわけで私は子供の頃から生粋のキャラメル味のファン。
パティスリーでもついつい茶色いお菓子に目がいきます。

水と一緒に火にかけるだけで、砂糖がほろ苦く、深いコクのあるキャラメルに変わっていく……。
大人になってお菓子を作るようになった今でも、その鍋中に飽きることはなく魅了され続けています。

キャラメルを作る過程には、お菓子作りの不思議さと、
その不思議さゆえの楽しみが凝縮されていると思うのです。

若山曜子

*C.B.S®とは、ブルターニュ地方特有の有塩バターで炊いたキャラメルに、
　アーモンド、ヘーゼルナッツなどを加えたアンリ・ルルー考案の塩バターキャラメルのこと。

3

目次
Sommaire

はじめに 2

Introduction
3つの手法で
キャラメルを楽しみましょう

キャラメルソース 8
キャラメルタブレット 10

すぐおいしい！
キャラメルソースの楽しみ方 11

キャラメルクリーム・ビター 12
キャラメルクリーム・スイート 14

すぐおいしい！
キャラメルクリームの楽しみ方 16

果物でアレンジ！
フルーツキャラメルクリーム 17

バナナオレンジキャラメルクリーム
サワーアップルキャラメルクリーム
あんずキャラメルクリーム

Chapitre 1
キャラメルの簡単おやつ

4種の粒キャラメル 19
　塩バターキャラメル 20
　タルトタタンのキャラメル 20
　マンゴーライムキャラメル 22
　ラズベリーキャラメル 22
クレープシュゼット 24
リーフパイ 26
ノワゼットショコラ 28
プラリネ 28
さつまいものカリカリ 30
キャラメルポップコーン 31

Chapitre 2
キャラメルの定番お菓子

カスタードプリン 33
バナナのキャラメリゼケーキ 36
タルトタタン 38
焼きりんごのタルトタタン 40
フロランタン 42
フロランタンのリンツァートルテ風 44
フロランタンラスク 46
キャラメルロールケーキ 48
キャラメルシフォンケーキ 49
カヌレ 54

Chapitre 3
キャラメルの焼き菓子

ピーチキャラメル
　アップサイドダウンケーキ　59
あんずとバナナのキャラメルタルト　62
パンプキンチーズケーキ　64
ミルクチョコレートの
　キャラメルケーク　66
レモンジンジャーと
　キャラメルのマーブルケーク　67
洋梨のキャラメルフラン　70
キャラメルマドレーヌ　72
キャラメルサブレサンド　74
ラムレーズンキャラメルダックワーズ　76
みそ風味のクリスピー
　キャラメルクッキー　78

Chapitre 4
キャラメルの冷たいお菓子

キャラメルアイスクリーム　81
キャラメルのスフレプディング　84
キャラメルクリームレアチーズケーキ　88
レモンキャラメルブリュレ　89
コーヒー風味のパンナコッタ　92

Colonne
くせになるおいしさ！
キャラメルのドリンク　94

クラフトコーラ
キャラメルシェイク
キャラメルビール

この本のルール

・小さじ1 = 5㎖、大さじ1 =15㎖、1カップ＝200㎖です。
・特にことわりがない場合、生クリームは乳脂肪分40％未満のものを使用しています。
・卵はMサイズ（正味約50g）を使用しています。Mサイズで卵黄20g、卵白30gが目安です。
・特にことわりがない場合、薄力粉はドルチェを使用しています。
・バターは食塩不使用のものを使用しています。
・電子レンジの加熱時間は600Wを使用した場合の目安です。機種、W数に応じて様子を見て調節してください。
・オーブンの加熱温度と焼き時間は電気オーブンを使用した場合です。
　熱源や機種により多少異なるため、ご家庭のオーブンに合わせて調節してください。

Introduction
3つの手法で
キャラメルを楽しみましょう

すべてのキャラメルは砂糖を焦がすことから始まります。
砂糖に熱を加えて焦がしたり、
砂糖を素材にからめて焦がす手法を「キャラメリゼ」といい、
水を加えれば「キャラメルソース」、
生クリームを加えれば「キャラメルクリーム」が
出来上がります。
3つの手法で、シンプルなお菓子から
ちょっと手の込んだお菓子まで、
変化に富んだフレーバーを楽しめます。

キャラメルをまとわせる
キャラメリゼ

キャラメリゼとは砂糖に熱を加えて焦がしたり、砂糖を果物やナッツにからめて焦がし、キャラメル状にすること。鍋やフライパンひとつでできる一番シンプルな手法です。

ストックもOK
キャラメルソース／キャラメルタブレット

プリンでおなじみのキャラメルソースは、砂糖と水だけで作れる、ほろ苦さを楽しむソース。少量の水と砂糖を焦がして固めたキャラメルタブレットも同様の使い方ができ、どちらも長く保存できます。

生クリームを加えて
キャラメルクリーム・ビター&スイート

砂糖と水を煮詰め、生クリームを加えて作るキャラメルクリーム。お菓子に使いやすいほろ苦さが特徴のビターとそのまま食べるのにちょうどよい甘さのスイート、2つのクリームを使い分けます。

キャラメルソース

苦みのないキャラメルソースはお菓子に使うとただ甘くなるだけ。
キャラメルがしょうゆ色になるまでじっくり焦がして
ほろ苦いキャラメルソースに仕上げましょう。

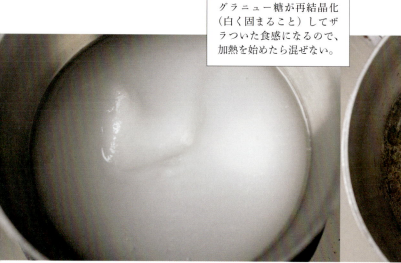

> グラニュー糖が再結晶化（白く固まること）してザラついた食感になるので、加熱を始めたら混ぜない。

1 口径20cmくらいの小鍋にグラニュー糖と分量の水を入れ、鍋を傾けて回し、全体をなじませてから、強火にかける。

> 沸騰したグラニュー糖が飛び散って鍋肌にこびりつくと再結晶化の原因になるため、水でぬらした刷毛で鍋肌を払う。部分的に再結晶化したら、水小さじ1〜2を上から落として混ぜずに溶けるのを待つ。

2 ふつふつと泡立ち、鍋のふちからだんだん茶色になってきたら中火にする。

5 はねやすいので注意しながら、分量の熱湯を鍋のふちからゆっくり注ぎ入れる。

6 再び中火にかけ、ゴムべらで手早く混ぜる。全体がなじんでから1分加熱し、大きく泡立ち、はじけ方が遅くなったら火を止める。

Introduction

材料 （作りやすい分量：250g）

グラニュー糖 … 200g
水 … 大さじ4
熱湯 … 150㎖

3 鍋を傾けて回しながら、全体をなじませてさらに加熱する。

4 全体が茶色になり、煙が強くなってきたら火を止める。余熱でさらに色を濃くしていく。鍋を傾けて、鍋底に残ったキャラメルがしょうゆ色になっていればOK。

使い終わった鍋に牛乳を入れて沸かし、鍋肌のキャラメルを溶かせば即席キャラメルミルクに。洗い物もラク。

7 サラサラした状態から、すくうとゴムべらに薄くついてとろりと落ちるくらいが目安。そのまま冷まし、かたすぎるようなら再度水を50㎖ほど入れ、弱火で加熱して溶きのばす。

8 煮沸消毒した保存容器に入れ、室温で保管する。保存期間は約半年。

キャラメルタブレット

グラニュー糖と少量の水を焦がして固めるだけのキャラメルソースはタブレットにアレンジOK。そのまま割って使えるのでとても便利です。水を加えて再加熱すれば、キャラメルソースに早変わり。

材料 （作りやすい分量）

グラニュー糖 … 100g
水 … 大さじ2

1 口径20cmくらいの小鍋にグラニュー糖と分量の水を入れる。水分が少ないため、ゴムべらで混ぜて全体をなじませてから、強火にかける。

2 ふつふつと泡立ち、鍋のふちからだんだん茶色になってきたら中火にする。

3 鍋を傾けて回しながら、全体をなじませてさらに加熱する。鍋を傾けて、鍋底に残ったキャラメルがしょうゆ色になり、大きく泡立ち、はじけ方が遅くなったら火を止める。

4 オーブンシートを30cm長さに切って台の上に広げ、間隔をあけて適当な大きさに手早く落としていく。固まるまでそのままおく。

5 固まったらオーブンシートからはがす。

6 保存容器または保存用袋にオーブンシートごと入れて保管する。室温に置くとべたつくため、必ず冷蔵または冷凍で保管する。保存期間は約1年。

すぐおいしい！
キャラメルソースの楽しみ方

お菓子に使うのはもちろんですが、いつものデザートやドリンクに
ちょっとプラスするだけで、手軽にキャラメルフレーバーにアレンジできます。

フルーツマリネにかけて

グレープフルーツとオレンジ各1個は外皮と薄皮をむいて房から取り出し、砂糖大さじ1と好みでグランマニエ（またはラム酒）をかけてマリネします。食べる前にキャラメルソース（p.8）大さじ1をかけて混ぜれば完成。大人っぽい味に仕上がります。

パンケーキにかけて

市販のパンケーキミックスを使ってパンケーキを焼き、有塩バターとキャラメルソース（p.8）を添えて。メープルシロップやはちみつとは違ったおいしさを発見できます。甘くして食べたいときは、バナナやベリーのジャムがよく合います。

アイスカフェラテに混ぜて

アイスコーヒーにキャラメルソース（p.8）を混ぜ、たっぷりの牛乳で割っていただきます。キャラメルソースがあるだけで、カフェで人気のドリンクが、家で好きなときに楽しめます。キャラメルの量や甘さは自分好みに調整できるほか、シナモンなど好みのスパイスをふってカスタマイズしても。

キャラメルクリーム・ビター

グラニュー糖と水をしょうゆ色になるまで焦がして
生クリームを加えた、ほろ苦いキャラメルクリームです。
お菓子に使うとちょうどよいキャラメルのコクと苦みが感じられます。

> グラニュー糖が再結晶化（白く固まること）してザラついた食感になるので、加熱を始めたら混ぜない。

> 沸騰したグラニュー糖が飛び散って鍋肌にこびりつくと再結晶化の原因になるため、水でぬらした刷毛で鍋肌を払う。部分的に再結晶化したら、水小さじ1～2を上から落として混ぜずに溶けるのを待つ。

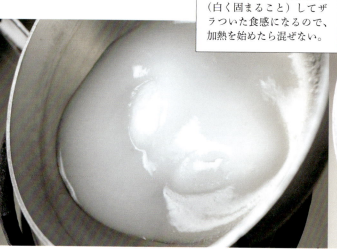

1 口径20cmくらいの小鍋にグラニュー糖と分量の水を入れ、鍋を傾けて回し、全体をなじませてから、強火にかける。

2 ふつふつと泡立ち、鍋のふちからだんだん茶色になってきたら中火にする。

5 煙が強くなってきたら火を止め、余熱でさらに色を濃くしていく。鍋を傾けて、鍋底に残ったキャラメルがしょうゆ色になっていればOK。

6 準備した生クリームをゆっくり加える。ぼこぼこと大きく泡立つが、吹きこぼれることはないのでさわらずに待つ。泡が落ち着いたら、ゴムべらで混ぜてなじませ、再び中火にかける。

| 材料 | （作りやすい分量：240g） | 下準備 |

グラニュー糖 … 100g
水 … 大さじ2
生クリーム … 1カップ

・生クリームを耐熱の計量カップに入れ、ラップをふんわりかけて電子レンジで30秒ほど加熱する（または室温にもどす）。

3 鍋を傾けて回しながら、全体をなじませてさらに加熱する。

4 さらに茶色が濃くなるまで加熱しながら、鍋を回して煮詰める。

使い終わった鍋に牛乳を入れて沸かし、鍋肌のキャラメルを溶かせば即席キャラメルミルクに。洗い物もラク。

保管中に脂肪分が分離したら、ブレンダーで攪拌して均一な状態にしてから使う。

7 ゴムべらで混ぜながら2～3分煮詰める。吹きこぼれそうになったら火を弱め、2/3量くらいに煮詰まったら火を止め、好みで塩ひとつまみ（分量外）を加えて混ぜる。

8 熱いうちに煮沸消毒した保存容器に入れ、冷蔵で保管する。保存期間は約3週間。使うときにクリームがかたければ電子レンジに10～20秒（または湯せんに）かける。

キャラメルクリーム・スイート

キャラメルをあまり焦がさずにマイルドに仕上げるのがポイント。
クリームをそのまま食べるのに適した甘さなので、つけたり、
かけたりするだけで簡単にキャラメルフレーバーを楽しめます。

グラニュー糖が再結晶化（白く固まること）してザラついた食感になるので、加熱を始めたら混ぜない。

1　口径20cmくらいの小鍋にグラニュー糖と分量の水を入れ、鍋を傾けて回し、全体をなじませてから、強火にかける。

沸騰したグラニュー糖が飛び散って鍋肌にこびりつくと再結晶化の原因になるため、水でぬらした刷毛で鍋肌を払う。部分的に再結晶化したら、水小さじ1〜2を上から落として混ぜずに溶けるのを待つ。

2　ふつふつと泡立ち、鍋のふちからだんだん茶色になってきたら中火にする。

5　準備した生クリームをゆっくり加える。大きく泡立つが、吹きこぼれることはないのでさわらずに待つ。泡が落ち着いたらゴムべらで混ぜてなじませ、再び中火にかける。

6　ゴムべらで混ぜながら2〜3分煮詰める。吹きこぼれそうになったら火を弱め、2/3量くらいに煮詰まったら火を止め、好みで塩ひとつまみ（分量外）を加えて混ぜる。

| 材料 | （作りやすい分量：250g） |

グラニュー糖 … 100g
水 … 大さじ2
生クリーム … 1カップ

| 下準備 |

・生クリームを耐熱の計量カップに入れ、ラップをふんわりかけて電子レンジで30秒ほど加熱する（または室温にもどす）。

3 鍋を傾けて回しながら、全体をなじませてさらに加熱する。

4 煙が強くなったら火を止める。余熱で少し色を濃くしていく。全体が紅茶色になればOK。

使い終わった鍋に牛乳を入れて沸かし、鍋肌のキャラメルを溶かせば即席キャラメルミルクに。洗い物もラク。

保管中に脂肪分が分離したら、ブレンダーで攪拌して均一な状態にしてから使う。

7 好みでグラニュー糖（またははちみつ）大さじ1（分量外）を加えてよく混ぜる。

8 熱いうちに煮沸消毒した保存容器に入れ、冷蔵で保管する。保存期間は約3週間。使うときにクリームがかたければ電子レンジに10〜20秒（または湯せんに）かける。

すぐおいしい！
キャラメルクリームの楽しみ方

そのままでおいしいキャラメルクリームは、市販のクッキーにはさんだり、
ヨーグルトにかけたりと、アイディアしだいでいろいろ広がります。

びんに入れてプレゼントに

日もちがして、とろっとリッチな味わいのキャラメルクリーム（p.12・14）は、プレゼントにぴったり。シンプルなびんに手書きのラベルを貼って食べ方やレシピメモを添えれば、ビターとスイーツの味の違いも楽しんでもらえそう。

トーストに塗って

フランスではタルティネ（塗るもの）として、パン屋やお菓子屋に並んでいます。キャラメルクリーム（p.12・14）を熱々のトーストにたっぷりのせれば、キャラメルがとろりと溶けて満足感のある朝食に。

アイスクリームのトッピングに

相性抜群なのは、バニラアイスクリーム。キャラメルクリーム・スイート（p.14）がおすすめですが、甘いアイスならビターを選ぶのもあり。ほんのり苦みが加わることで、意外とさっぱり食べられます。

果物でアレンジ！
フルーツキャラメルクリーム

フルーツを使ったキャラメルクリームです。左ページのキャラメルクリームと同様の楽しみ方ができ、お菓子に使ってもおいしく仕上がります。

バナナオレンジキャラメルクリーム

材料　（作りやすい分量：約200g）

バナナ … 1本（正味100g）
A ┃ グラニュー糖 … 50g
　┃ 水 … 小さじ2
生クリーム（少し温める）… 100mℓ
マーマレード … 大さじ1
グランマニエ（またはラム酒）
　… 大さじ1

＊オレンジのリキュール。

作り方

小鍋にAを入れ、p.14の1〜4を参照して紅茶色になるまで加熱する。バナナを1cm厚さの輪切りにして加え、弱火にして木べらでつぶしながら煮る。生クリームを加えてとろりとするまで煮て、仕上げにマーマレードとグランマニエを加えてさっと混ぜる。

＊熱いうちに煮沸消毒した保存容器に入れ、冷蔵で保管する。保存期間は約2週間。

サワーアップルキャラメルクリーム

材料　（作りやすい分量：約250g）

りんご（紅玉）… 1個（正味200g）
A ┃ グラニュー糖 … 40g
　┃ 水 … 小さじ1
バター … 5g
　┃ サワークリーム … 90mℓ
B ┃ グラニュー糖 … 30g
　┃ はちみつ … 大さじ1

作り方

りんごは1cmの角切りにする。小鍋にAを入れ、p.12の1〜5を参照してしょうゆ色になるまで加熱する。りんごとバターを加えて炒め、りんごがしんなりしたらBを加え、絶えず混ぜながらふつふつとした状態のまま加熱する。色が濃くなり、りんごにつやが出て、キャラメルがねっとりしたら出来上がり。

＊熱いうちに煮沸消毒した保存容器に入れ、冷蔵で保管する。保存期間は約2週間。

あんずキャラメルクリーム

材料　（作りやすい分量：約240g）

　┃ 干しあんず（4等分に切る）
A ┃ 　… 100g
　┃ 水 … 100mℓ
　┃ グラニュー糖 … 大さじ1
B ┃ グラニュー糖 … 50g
　┃ 水 … 小さじ2
生クリーム（少し温める）… 100mℓ

作り方

小鍋にAを入れて中火にかける。沸騰したら弱火にし、あんずがやわらかくなり、水分が大さじ1程度残るまで煮詰める。別の小鍋にBを入れ、p.12の1〜5を参照してしょうゆ色になるまで加熱する。火を止め、生クリームとあんずをシロップごと加えて再び中火にかけ、全体にとろみがつくまで4〜5分煮詰める。

＊熱いうちに煮沸消毒した保存容器に入れ、冷蔵で保管する。保存期間は約2週間。

Chapitre 1
Goûters faciles au caramel

キャラメルの簡単おやつ

砂糖を加熱して焦がしていくだけで、いつものお菓子に
美しい褐色の色みとほろ苦さ、それにコクをプラスしてくれる。
それがキャラメルの魔法です。
第1章では、キャラメル味のシンプルなおやつと
みんなが大好きな粒キャラメルをご紹介します。

4種の粒キャラメル

Recette ⟶ p.20-23

塩バターキャラメル & タルトタタンのキャラメル

Caramel mou au beurre salé & Caramels aux pommes façon Tatin

フランスでも人気が高いキャラメル・ムー（やわらかいキャラメル）。
砂糖を焦がして作る、口溶けのよい王道のキャラメルです。

塩バターキャラメル

材料（18×8.5×高さ6cmのパウンド型1台分）

A ┌ グラニュー糖 … 80g
　└ はちみつ … 大さじ1
生クリーム … 100ml
バター … 5g
塩（粒が粗めのもの）… 少量

下準備

・耐熱容器に生クリームを入れ、ラップをふんわりかけて電子レンジで30秒ほど加熱する（または室温にもどす）。
・ボウルに氷水を少量用意する。
・型にオーブンシートを敷く。

作り方

1　小鍋にAを入れて中火にかける。ふちが色づいてきたら＜a＞、鍋を回してグラニュー糖をなじませる。全体が明るいキャラメル色になったら火を止め＜b＞、準備した生クリームを少しずつ加えながら＜c＞ゆっくりゴムべらで混ぜる。

2　再び強めの中火にかけ、鍋肌についたキャラメルをこそげ取るように混ぜながら＜d＞、2〜3分煮詰める。泡立ちが大きくなり、とろみがついて泡が白っぽく重くなってきたら火を止める＜e＞。

3　氷水に少量落として、水に溶けずにやわらかく固まるか確認する＜f＞。鍋にバターを加えて余熱で溶かしながら混ぜ、型に流し入れて＜g＞塩を全体にふる。そのまま15分ほどおいて冷まし、固まったら熱湯で温めたナイフで食べやすい大きさに切る＜h＞。

＊保存する場合はオーブンシートで1個ずつ包み、保存容器に入れて冷蔵で保管する。保存期間は約3週間。

タルトタタンのキャラメル

材料（18×8.5×高さ6cmのパウンド型1台分）

りんご（紅玉）… 1/2個（正味100g）
バター … 小さじ1/2
グラニュー糖 … 75g
生クリーム … 100ml

下準備

・上記「塩バターキャラメル」と同様にする。

作り方

1　りんごは1cmの角切りにしてフライパンに入れる。バターを加えて中火にかけ、ゴムべらで混ぜながら炒める。しんなりしてきたらグラニュー糖を加え、強火にしてあまりさわらずに加熱し、全体が明るいキャラメル色に色づいたら、フライパンを回して全体をなじませる。しょうゆ色になったら火を止め、準備した生クリームを少しずつ加えながらゴムべらで混ぜる。

2　上記「塩バターキャラメル」の2、3と同様にする。ただし、3で塩はふらない。

＊保存する場合はオーブンシートで1個ずつ包み、保存容器に入れて冷蔵で保管する。保存期間は約2週間。

塩バターキャラメル
タルトタタンのキャラメル

21 Chapitre 1 Goûters faciles au caramel

ラズベリーキャラメル

マンゴーライムキャラメル

マンゴーライムキャラメル &
ラズベリーキャラメル

Caramels mous à la mangue et au citron vert &
Caramels mous à la framboise

果物の鮮やかな色や酸味が生きる、グラニュー糖を焦がさず煮詰め
て作るタイプのキャラメルです。フルーティーでやさしい口溶けが
魅力。とてもやわらかいので、保存する場合は冷蔵庫へ。

マンゴーライムキャラメル

[材料]（18×8.5×高さ6cmのパウンド型1台分）

冷凍マンゴー（カット）… 70g
グラニュー糖 … 90g
生クリーム … 75ml
ライムの搾り汁 … 25ml（約1個分）
ライムの皮のすりおろし … 1/4個分
＊仕上げ用少々を取りおく。
水あめ … 12g

[下準備]

・耐熱容器に生クリームを入れ、ラップをふんわりかけて電子レンジで30秒ほど加熱する（または室温にもどす）。
・ボウルに氷水を少量用意する。
・型にオーブンシートを敷く。

[作り方]

1　耐熱容器に冷凍マンゴーを入れ、ラップをかけずに電子レンジで30秒加熱して取り出す。ブレンダーでなめらかなピューレ状にする〈a〉。
　＊冷凍マンゴーは2で他の材料と一緒に小鍋に加えて火にかけ、やわらかくなったらブレンダーで撹拌してもよい。

2　小鍋に1と残りの材料を入れて中火にかけ、ゴムべらで絶えず混ぜながら、泡立つまで〈b〉6〜7分煮詰める。泡立ちが大きくなり、ぼってりととろみがついてきたら、弱火にして混ぜながら加熱する。泡が白っぽく重くなったら火を止める〈c〉。

3　氷水に少量落として、水に溶けずにやわらかく固まるか確認する（p.21のf参照）。型に流し入れ、ライムの皮少々を散らし、そのまま15分ほどおいて冷ます。固まったら熱湯で温めたナイフで食べやすい大きさに切る。
　＊保存する場合はオーブンシートで1個ずつ包み、保存容器に入れて冷蔵で保管する。保存期間は約2週間。

a

b

c

ラズベリーキャラメル

[材料]（18×8.5×高さ6cmのパウンド型1台分）

冷凍ラズベリー … 60g
グラニュー糖 … 70g
練乳 … 20g
生クリーム … 100ml
水 … 40ml

[下準備]

・上記「マンゴーライムキャラメル」と同様にする。

[作り方]

1　耐熱容器に冷凍ラズベリーを入れ、ラップをかけずに電子レンジで30秒加熱して取り出す。茶こしでこしてピューレ状にする。

2　上記「マンゴーライムキャラメル」の2、3と同様にする。
　＊保存する場合はオーブンシートで1個ずつ包み、保存容器に入れて冷蔵で保管する。保存期間は約2週間。

クレープシュゼット
Crêpe Suzette

クレープはフランス人にとって一番身近なおやつ。でも、シュゼットはレストランでいただく特別なデザートです。甘酸っぱいオレンジとキャラメルのソースが、もっちっとしたクレープに本当によく合います。身近な材料を使って、家庭でも気軽に作れますよ。

材料 （2人分：4枚）

生地
- 薄力粉（エクリチュール）… 60g
  - ＊強力粉30g＋薄力粉30gで代用可。
- グラニュー糖 … 大さじ1
- 牛乳 … 140㎖
- 溶き卵 … 1個分
- 溶かしバター … 20g
- グランマニエ … 小さじ2
  - ＊オレンジのリキュール。

ソース
- グラニュー糖 … 30g＋20g
- 水 … 小さじ1
- オレンジ … 1個
- オレンジジュース（果汁100%）
  … 下準備の搾り汁と合わせて120㎖にする
- バター … 15g
- グランマニエ … 大さじ2

下準備

- オレンジ1個から5㎜厚さの輪切りを2枚切り出し、残りは果汁を搾ってオレンジジュースと合わせ、120㎖分用意する。

作り方

1. 生地を作る。ボウルに薄力粉とグラニュー糖を入れ、泡立て器で混ぜる。牛乳を少しずつ加えてよく混ぜる。

2. 溶き卵を少しずつ加えながらよく混ぜる。溶かしバター、グランマニエを加えてさらに混ぜる。
   ＊時間があればラップをかけて冷蔵庫で30分ほど休ませると、焼いたときに破れにくい。

3. クレープパン（またはフライパン）にバター小さじ1（分量外）を入れ、中火にかける。バターが溶けたらペーパータオルで全体に薄くのばし、2をお玉で軽く混ぜて多めに流し入れる。クレープパンを回して生地を全体に広げ、余分な生地を2のボウルに戻す。

4. 生地のふちがしっかり固まったら、菜箸（またはフライ返し）で裏返し＜a＞、裏面をさっと焼いて取り出す。残りの生地も同様に全部で4枚焼く。

5. ソースを作る。フライパンにグラニュー糖30gと分量の水を入れて強めの中火にかけ、キャラメル色になったら火を止める。準備したオレンジジュースを加え＜b＞、バターとグラニュー糖20gを加えて再び中火にかけ、ゴムべらで混ぜながら軽く煮詰める。

6. 4を2つ折りにして加え、ソースをからめながらトングで4つ折りにする＜c＞。オレンジの輪切りとグランマニエを加えて軽く火を通し、クレープを皿に盛る。オレンジの輪切りを飾り、ソースをかける。

a

b

c

リーフパイ

Biscuits feuilletés caramélisés

冷凍パイシートにふりかけたグラニュー糖が、オーブンの熱でキャラメリゼされる手間なしリーフパイです。重しをしてパイ生地が膨らむのを押さえ、ミルフィーユのような層のあるサクサク食感に。

材料（直径7cmのカエデ型6枚分＋長径7cmのリーフ型8枚分）

冷凍パイシート（市販／18×18cmサイズ）
　…1枚
グラニュー糖…35g
粉砂糖…大さじ2〜3

下準備

・冷凍パイシートを室温に5分おいて解凍する。
・天板にオーブンシートを敷く。
・オーブンは160℃に予熱する。

作り方

1　オーブンシートを35cm長さに2枚切り、1枚を台に敷く。解凍したパイシートをのせ、グラニュー糖の半量を全体にふり、もう1枚のオーブンシートをのせてめん棒で軽くのばす。パイ生地を裏返し、残りのグラニュー糖をまんべんなくふって＜a＞、2mm厚さにのばす。
＊パイシートがやわらかい場合は、オーブンシートではさんで冷凍庫に入れ、15分休ませる。

2　カエデ型で6枚、リーフ型で8枚抜いて＜b＞、天板に並べる。上にオーブンシートをかぶせ、別の天板を重しにしてのせ＜c＞、160℃のオーブンで15分焼く。

3　一度オーブンから取り出し、パイをパレットナイフで裏返す。茶こしで粉砂糖を2回に分けてふり＜d＞、さらに15分焼いて取り出す。そのまま5分おいて粗熱をとり、網の上に移して冷ます。
＊仕上げにふる砂糖を粉砂糖にすることで、短時間でキャラメリゼされる。

ノワゼットショコラ
Noisettes enrobées de chocolat

キャラメルをコーティングした香ばしいナッツととろけるチョコレートの組み合わせは、手間はかかりますが、とっておきのプレゼントに最適。

プラリネ
Praline

カリッと香ばしいナッツをほろ苦いキャラメルでコーティング。そのまま食べてもおいしく、砕いてさまざまなお菓子に使うこともできます。

ノワゼットショコラ

材料（作りやすい分量）

ヘーゼルナッツ … 100g
グラニュー糖 … 30g
水 … 小さじ2
ミルクチョコレート（細かく刻む）… 60g
ココアパウダー（無糖）… 適量

下準備

・ヘーゼルナッツは160℃のオーブンで10分焼いて冷ます。
・天板（または板）にオーブンシートを敷く。

作り方

1. 下記「プラリネ」の作り方1を参照し、準備したヘーゼルナッツをキャラメリゼする（キャラメルの量が少ないのでからめばよい）。オーブンシートの上に広げ、固まらないうちに1粒ずつ離して室温におく。キャラメルが固まったらボウルに入れる。

2. チョコレートを湯せんにかけて溶かし、大さじ1杯分を1に加えて混ぜ、全体にからめる。チョコレートが少し乾いてきたら、再び大さじ1杯分を加えてからめる。これをチョコレートがなくなるまでくり返す。

3. バットにココアパウダーを入れ、2が固まったら少しずつ加えて、1粒ずつココアパウダーをまぶす。

*保存する場合は保存容器に入れて冷蔵で保管する。保存期間は約2週間。

プラリネ

材料（作りやすい分量）

ヘーゼルナッツ、アーモンド
　… 合わせて100g
グラニュー糖 … 100g
水 … 大さじ1

下準備

・ヘーゼルナッツとアーモンドは、160℃のオーブンで10分焼いて冷ます。
・天板（または板）にオーブンシートを敷く。

作り方

1. 小鍋にグラニュー糖と分量の水を入れて強めの中火にかけ、ふつふつと泡立って水あめ状になり、泡が大きくなったら火を止める。準備したナッツ類を加え、木べらで混ぜる。グラニュー糖が再結晶化して白っぽくなったら＜a＞、再び強めの中火にかける。水あめ状にもどってきたら鍋を回しながらからめ、全体がきれいなキャラメル色になったら火を止める。

2. オーブンシートの上に広げ＜b＞、ナッツ類が重ならないように平らにする。そのまま室温においてて冷まし、固まったらオーブンシートではさんでめん棒で適当な大きさに砕く。

*キャラメルは湿度に弱く溶けやすいため、保存する場合は缶などの保存容器に入れて冷蔵で保管する。保存期間は約1カ月。

a

b

さつまいものカリカリ

Patates douces caramélisées

フライパンで作れる簡単おやつは、さつまいもにじっくりと火を通して甘さを引き出すのがポイントです。キャラメルコーティングのカリカリ食感までおいしい。

材料 （作りやすい分量）

さつまいも … 1/2本（約130g）
バター … 大さじ1 + 小さじ1
グラニュー糖 … 40g

下準備

・さつまいもは皮つきのままよく洗い、1.5cmくらいの角切りにする。

作り方

1　フライパンにバター大さじ1を入れ、弱めの中火にかける。バターが溶けたらさつまいもを加えて、菜箸で転がしながら表面がカリッとして焼き色がつくまで炒める。

＊さつまいもに竹串を刺して、すっと通るくらいになればOK。

2　グラニュー糖を加え、フライパンをゆすってさつまいも全体にまぶす。グラニュー糖が溶けてキャラメル状になり、さつまいもがコーティングされたら火を止める。バター小さじ1を加えて余熱で溶かしてからめ、バットなどに広げて冷ます。

キャラメルポップコーン
Popcorn au caramel

フライパンひとつであっという間にできる、キャラメル味のポップコーン。香ばしい香りが広がるおやつタイムを楽しんでください。

【材料】（作りやすい分量）

ポップコーン（ポップ種）…30g
バター…小さじ2 + 20g
グラニュー糖…60g
水…小さじ1
重曹…ひとつまみ

― Note ―

「キャラメルクリーム・スイート」（p.14）で作る場合

右記2でフライパンにキャラメルクリーム・スイート大さじ4とグラニュー糖大さじ2を入れて中火にかけ、全体が溶けてブクブクと泡立ったらひと呼吸おいて火を止める。重曹ひとつまみを加えて菜箸で混ぜ、1を加えてからめる。

【作り方】

1　フライパンにポップコーンとバター小さじ2を入れてふたをし、中火にかける。フライパンをゆすって均等に熱を入れ、コーンのはじける音が落ち着いたら火を止めてふたを取り、バットなどに取り出す。

2　1のフライパンをペーパータオルでふいてきれいにし、グラニュー糖と分量の水を入れて中火にかける。ふちが色づいてきたらフライパンを回し、全体がキャラメル色になったら火を止める。バター20gを加えて余熱で溶かし、重曹を加えて菜箸で混ぜる。1を加えて全体にからめる。

＊重曹を加えることでキャラメルが均等に広がり、ポップコーンにまんべんなくからめやすくなる。

Chapitre 2
Classiques au caramel

キャラメルの定番お菓子

カスタードプリンやタルトタタン、フロランタン、カヌレなど、
キャラメルのビターな味わいが特徴の定番のお菓子を集めました。
同じお菓子でも、キャラメルの焦がし方ひとつでぐっと味わいが変わるのも
キャラメルのお菓子の魅力です。
ぜひいろいろ試して、自分のお気に入りの味を見つけてください。

カスタードプリン
Recette ──▶ p.34

カスタードプリン
Crème Caramel

プリンをおいしくするコツは、キャラメルソースをしょうゆ色になるまで焦がすことと、作ってから1日以上冷やして休ませること。バニラが香る、つるんとしっかり食感の正統派プリンが味わえます。

材料（直径15.5×高さ6.5cmの耐熱容器1台分）

キャラメルソース
- グラニュー糖 … 60g
- 水 … 大さじ1

プリン液
- 卵 … 3個
- 卵黄 … 2個分
- グラニュー糖 … 70g
- 牛乳 … 350ml
- バニラビーンズ … 1/4本
- 生クリーム … 50ml

下準備

- バニラビーンズはさやを縦半分に切り、包丁の先で種をこそげ取る＜a＞。さやと種を牛乳に入れる。
- 耐熱容器よりもひと回り大きな鍋にふきんを敷く。
- オーブンに天板を入れ、140℃に予熱する。

作り方

1. キャラメルソースを作る。小鍋にグラニュー糖と分量の水を入れて強火にかけ、ふつふつと泡立ってふちが茶色くなってきたら＜b＞、鍋を回して全体をなじませる。しょうゆ色になったら火を止める＜c＞。耐熱容器に流し入れ、素早く器を回して底全体に広げ＜d＞、粗熱をとる。

2. プリン液を作る。ボウルに卵を割り入れ、卵黄を加えて泡立て器で卵白を切るように溶きほぐす。グラニュー糖を加えてよく混ぜる。

3. 別の小鍋に準備した牛乳をバニラビーンズのさやごと入れ、生クリームを加えて中火にかける。ゴムべらで混ぜながら温め、沸騰したら火を止める。1分ほどおき、2に加えて泡立て器で混ぜ＜e＞、万能こし器で1にこし入れる＜f＞。

4. ふきんを敷いた鍋に3を入れ、プリン液の表面に大きな泡があれば食品用アルコールスプレーを吹きかけて消す。鍋のふちから容器の半分の高さまでぬるま湯を注ぎ入れて＜g＞鍋ごと天板にのせる。

5. 140℃のオーブンで40〜50分湯せん焼きにして取り出し、鍋をゆすって表面がゆれなければ出来上がり。鍋に入れたまま冷ます。粗熱がとれたら鍋から容器を取り出してラップをかけ、冷蔵庫で冷やす。
   ＊ひと晩以上冷やすと、味がなじんでおいしくなる。

6. 冷蔵庫から5を取り出して、容器の側面とプリンの間にナイフを挿し入れ、ぐるりと容器を回して1周させる。皿をかぶせてひっくり返し、容器と皿を両手でしっかり押さえながら上下にふってはずす。好みのサイズにカットして器に盛る。
   ＊生クリームが余っていれば、好みの甘さで泡立ててプリンに添えるのがおすすめ。

35 Chapitre 2 Classiques au caramel

バナナのキャラメリゼケーキ

Cake à la banane caramélisée

そのまま混ぜ込んでもおいしいバナナですが、キャラメリゼすると魅力が引き立ちます。生地全体がほんのりキャラメルフレーバーになり、バナナによるしっとり効果も。ラム酒が薫る大人のケーキ。

材料 （18×8.5×高さ6cmのパウンド型 1台分）

バナナのキャラメリゼ
- バナナ … 1本（正味100g）
- グラニュー糖 … 大さじ2
- 水 … 少々
- バター … 3g
- ラム酒 … 大さじ1

生地
- バター … 100g
- きび砂糖 … 80g
- 溶き卵 … 2個分
- A
  - 薄力粉 … 110g
  - ベーキングパウダー … 小さじ1

下準備

- 生地用のバターは室温にもどす。
- 型にオーブンシートを敷く。
- オーブンに天板を入れ、180℃に予熱する。

作り方

1. バナナのキャラメリゼを作る。バナナを1cm幅の輪切りにする。フライパンにグラニュー糖と分量の水を入れて強火にかけ、ふちが茶色くなったら火を止める。余熱で全体が紅茶色になったらバナナを加える＜a＞。

2. 再び強火にかけてゴムべらで混ぜながら、バナナにキャラメルをからめる。バターを加えて溶かしながら炒め、さらにラム酒を加えて混ぜ、火を止める＜b＞。バットに取り出し粗熱をとる。

3. 生地を作る。ボウルにバターときび砂糖を入れ、ハンドミキサーの中〜高速でふんわりするまで泡立てる。溶き卵を少しずつ加えて低速で全体がなじむまで混ぜる。Aを合わせてふるい入れ、ゴムべらに持ち替えて、さっくりと混ぜる。ほぼ混ざったら2を半量加えて、さっと混ぜる。

4. 型に3を入れ、残りの2をキャラメルと一緒に散らして押し込み、表面をゴムべらでならす＜c＞。180℃のオーブンで10分、温度を170℃に下げてさらに30分焼く。中心に竹串を刺して生地がついてこなければ焼き上がり。取り出してオーブンシートごと型から出し、網にのせて冷ます。

タルトタタン
Tarte Tatin à la poêle

りんごをキャラメリゼして、サクサク食感の生地と合わせました。丸型に比べて高さのないスキレットで作ると、りんごとパイのバランスがほどよい、フランスでよく見かける家庭的なスタイルに。

材料 （直径20×高さ4.5cmのスキレット1台分）

パイ生地
- A
  - 薄力粉（エクリチュール）… 100g
    *強力粉50g+薄力粉50gで代用可。
  - グラニュー糖 … 小さじ1/2
  - 塩 … 小さじ1/4
- バター … 60g
- 牛乳 … 35mℓ

キャラメルソース
- グラニュー糖 … 40g
- 水 … 大さじ1

りんごのキャラメリゼ
- りんご（紅玉）… 5個（正味800g）
  *皮は1個分とっておく。
- グラニュー糖 … 60g＋40g
- 水 … 大さじ1と1/2
- バター … 大さじ1

下準備
- パイ生地用のバターは1.5cm角に切り、冷蔵庫で冷やす。
- ラップを大きめに2枚切り、十字に重ねて広げる。
- りんごは8等分のくし形に切る。
- 天板にオーブンシートを敷く。
- オーブンは180℃に予熱する。

作り方

1. パイ生地を作る。ボウルにAを合わせてふるい入れ、冷蔵庫からバターを取り出して加え、カードで米粒大になるまで切り混ぜる。次に粉全体がサラサラになるまで指でバターを軽くつぶす。

2. 牛乳を加えて粉けが残る程度にざっと混ぜ、準備したラップの中央にのせてふんわり包み、めん棒で軽くのばして平らにする。冷蔵庫で30分以上休ませる。

3. キャラメルソースを作る。スキレットにグラニュー糖と分量の水を入れて強火にかけ、ふちから茶色になってきたら中火にする。スキレットを回しながら全体をなじませ、紅茶色になったら火を止めて冷ます。
   *スキレットのほか、オーブン調理が可能な直径20cmのフライパンやパイ皿、底の取れないケーキ型でもよい。

4. りんごのキャラメリゼを作る。フライパンにグラニュー糖60gと分量の水を入れて強火にかける。ふちがキャラメル色になったら中火にして、フライパンを回しながらしょうゆ色になるまで煮詰めて火を止める。りんごを加えてゴムべらでからめ、なじんだらバターとグラニュー糖40gを加え、再び中火にかけてりんごの表面が透き通るまで7〜8分煮て火を止める＜a＞。

5. 3に4を互い違いにすきまなく並べ、表面が平らになるように重ねて上からゴムべらで押さえる。フライパンの煮汁はそのままとっておく。

6. 5で煮汁の残った（煮汁が少なければ水大さじ2〜3を加える）フライパンにりんごの皮を加えて強めの中火にかけ、皮がしんなりしたら火を止める。皮を除き、煮汁を5のスキレットに回しかける。

7. 冷蔵庫から2を取り出し、ラップを広げて直径約19cmの円形に包み直す。めん棒でラップの端まで均一の厚さにのばし、ラップをはずしてフォークで数カ所穴をあける。天板に6と一緒に並べ、180℃のオーブンで15分、温度を170℃に下げて10分焼いて取り出す＜b＞。ゴムべらでりんごを押さえて上にパイをのせ、170℃でさらに20分焼いて取り出す。冷めたらラップをかけて冷蔵庫で1時間以上冷やす。

8. 冷蔵庫から7を取り出し、スキレットを軽く火にかけて鍋底を温め、固まったキャラメルをゆるめる。側面からナイフを挿し入れて1周し、皿をかぶせてひっくり返してスキレットからはずす。

焼きりんごのタルトタタン
Tartelette Tatin aux pommes au four

じっくりオーブンで焼いたりんごは、甘酸っぱさが凝縮されます。りんごの酸味に負けないバターたっぷりのサブレ生地を合わせて。小さくても満足感のある濃厚なタルトタタン。

Chapitre 2　Classiques au caramel

材料 （直径7.5×高さ6.5cmのマフィンカップ6個分）

焼きりんご
- りんご（紅玉）… 5個（正味800g）
- バター … 20g
- グラニュー糖 … 70g

生地
- バター … 100g
- 粉砂糖 … 60g
- 卵黄 … 1個分
- 薄力粉 … 100g

グラニュー糖 … 大さじ6

下準備

- 生地用のバターは室温にもどす。
- りんごは12等分のくし形に切る。
- 天板にオーブンシートを敷く。
- ラップを大きめに2枚切り、十字に重ねて広げる。オーブンシートを30cm長さに2枚切る。
- オーブンシートを2.5×16cmの帯状に6枚切る。
- オーブンは170℃に予熱する。

作り方

1　焼きりんごを作る。りんごを天板に重ならないように並べ、バターを散らして、グラニュー糖を全体にふりかける。170℃のオーブンで30分焼き、一度取り出してりんごを裏返す。温度を160℃に下げて30分焼いて取り出し、そのまま冷ます＜a＞。

2　生地を作る。ボウルにバターと粉砂糖を入れ、泡立て器ですり混ぜる。卵黄を加えてなじむまで混ぜ、薄力粉をふるい入れ、ゴムべらに持ち替えて底から返すように粉けがなくなるまで混ぜる。準備したラップの中央にのせてふんわり包み、めん棒で軽くのばして平らにする。冷凍庫で30分休ませる。

3　冷凍庫から2を取り出して30cm長さに切ったオーブンシートの間にはさみ、めん棒で7mmくらいの厚さにのばして冷蔵庫で30分（冷凍庫なら15分）休ませる。

4　マフィンカップにバター（分量外）を薄く塗り、帯状に切ったオーブンシートを型の中央に両端がはみ出すように敷く。グラニュー糖を大さじ1ずつ入れ、1を等分に互い違いにすきまなく並べ、表面が平らになるように重ねてスプーンで押してならす＜b＞。

＊作り方5の作業中にオーブンを180℃に予熱する。

5　3を冷蔵庫から取り出し、直径7cmの丸型で抜く。残った生地はひとまとめにして7mm厚さにのばし、型で抜いて全部で6枚用意する。4の上にのせ、りんごに密着するように生地を押しつけ、フォークで数カ所穴をあける。180℃のオーブンで10分、温度を170℃に下げて20分焼く。取り出してそのままおき、冷めたらラップをかけて冷蔵庫で1時間以上冷やす。

6　冷蔵庫から5を取り出し、カップが浸る大きさのボウルに湯を張ってカップの底をさっとつけ、帯状のオーブンシートを上に引っ張って＜c＞空気を入れる。側面からナイフを挿し入れて1周し、皿をかぶせてひっくり返してカップからはずす。

a

b

c

フロランタン
Florentin

バットを使うと均一に火が通り、アーモンドキャラメルが流れ落ちるのも防げます。キャラメリゼはオーブンの中で仕上がるので、初心者にも作りやすいレシピです。

材料 （約25×20×高さ3cmのバット1台分）

生地
- バター … 120g
- 粉砂糖 … 60g
- 溶き卵 … 1/2個分（約25g）
- 薄力粉（エクリチュール）… 200g
- ＊強力粉100g＋薄力粉100gで代用可。

アーモンドキャラメル
- A
  - バター … 40g
  - グラニュー糖 … 40g
  - はちみつ … 大さじ1と1/2
  - 生クリーム … 大さじ4
- スライスアーモンド … 80g

下準備

- 生地用のバターは室温にもどす。
- ラップを大きめに2枚切り、十字に重ねて広げる。
- オーブンに天板を入れ、180℃に予熱する。

a

b

c

作り方

1. 生地を作る。ボウルにバターと粉砂糖を入れ、ゴムべらでクリーム状になるまですり混ぜる。溶き卵を加えてなじむまで混ぜ、薄力粉をふるい入れて切るように混ぜる。ときどきゴムべらの面で生地を押さえながら粉けがなくなるまで混ぜる。

2. 準備したラップの中央に1をのせてふんわり包み、めん棒で軽くのばして平らにする。
   ＊気温が高い場合は冷凍庫で10分（冷蔵庫なら30分）休ませる。

3. 2のラップを広げてバットに入れ、バットよりひと回り小さくなるよう包み直す＜a＞。バットから取り出して上からめん棒でラップの端まで均一の厚さにのばし、冷蔵庫で20分以上休ませる。
   ＊型はバットのほか、生地の厚さが1.5〜2cmになればスクエア型やタルト型でもよい。

4. バットにオーブンシートを敷き、冷蔵庫から取り出した3のラップをはずして入れ、フォークで数カ所穴をあける。180℃のオーブンで20〜25分きつね色になるまで焼き、オーブンに入れたままおく。

5. アーモンドキャラメルを作る。小鍋にAを入れて中火にかける。ゴムべらで混ぜながらバターが溶けてふつふつとしてきたらアーモンドを加え＜P.47のa参照＞、弱火にして色づかないように注意し、アーモンドにとろりとからむまで5分煮詰める＜P.47のb参照＞。
   ＊生地が冷めるとアーモンドキャラメルを広げにくくなるため、4が焼き上がる5分くらい前から作り始めるとよい。

6. 4をオーブンから取り出し、温かいうちに5を流し入れてゴムべらで全体に広げる＜b＞。再びオーブンに入れ、温度を170℃に下げて20〜25分焼き、全体が濃いキャラメル色になったら取り出して冷ます。粗熱がとれたらオーブンシートの上にひっくり返しておき、底のオーブンシートをはがしてパン切りナイフで端を切り落とし＜c＞、食べやすいサイズに切り分ける。
   ＊切るときはアーモンドキャラメルを下にして力を入れず、パン切りナイフを前後に動かすと崩れずきれいに切れる。

フロランタンのリンツァートルテ風
Tarte Florentine façon Linzer Torte

ラズベリージャムをサンドしたオーストリアの伝統菓子、リンツァートルテをフロランタンでアレンジ。キャラメルのコクにベリーの甘酸っぱさが加わって贅沢な味わいです。

材料 （直径18cmの底の抜けるタルト型1台分）

生地
- バター … 60g
- 粉砂糖 … 30g
- 溶き卵 … 1/4個分（約12.5g）
- 薄力粉（エクリチュール）… 100g
- ＊強力粉50g＋薄力粉50gで代用可。

ラズベリージャム … 60g
＊ゆるい場合は電子レンジで加熱して水分を飛ばす。

シナモンパウダー … 小さじ1/4

アーモンドキャラメル
- A
  - バター … 20g
  - グラニュー糖 … 20g
  - はちみつ … 大さじ1弱
  - 生クリーム … 大さじ2
- スライスアーモンド … 40g

下準備

- 生地用のバターは室温にもどす。
- ラップを大きめに2枚切り、十字に重ねて広げる。
- オーブンシートを25cm長さに2枚切る。
- オーブンに天板を入れ、180℃に予熱する。

a

b

c

作り方

1. 生地を作る。ボウルにバターと粉砂糖を入れ、ゴムべらでクリーム状になるまですり混ぜる。溶き卵を加えてなじむまで混ぜ、薄力粉をふるい入れて切るように混ぜる。ときどきゴムべらの面で生地を押さえながら粉けがなくなるまで混ぜる。

2. 準備したラップの中央に1をのせてふんわり包み、めん棒で軽くのばして平らにする。
   ＊気温が高い場合は冷凍庫で10分（冷蔵庫なら30分）休ませる。

3. 2のラップを広げてカードで半分に切り分け、それぞれ準備したオーブンシートの中央にのせる。手で丸く形を整えてラップをかけ、上からめん棒で直径約18cmの円形に均一にのばす。もう1枚も同様にのばす。冷蔵庫で15分（冷凍庫なら5分）休ませる。

4. 3を冷蔵庫から取り出し、1枚を型に敷き込む。ラズベリージャムを生地の中心から直径の1/3～1/2くらいまでゴムべらで円形に塗り広げる＜a＞。シナモンパウダーを全体にふってもう1枚の生地をかぶせ、ジャムを塗ったところをよけて生地を押し、ふちはしっかりとめる＜b＞。全体にフォークで穴をあけ＜c＞、焼く直前まで冷蔵庫で10分以上冷やす。180℃のオーブンで25～30分焼き、オーブンに入れたままおく。
   ＊ジャムがあるところは、ジャムが噴き出さないように多めに穴をあける。

5. アーモンドキャラメルを作る。小鍋にAを入れて中火にかける。ゴムべらで混ぜながらバターが溶けてふつふつとしてきたらアーモンドを加え＜P.47のa参照＞、弱火にして色づかないように注意し、アーモンドにとろりとからむまで5分煮詰める＜P.47のb参照＞。
   ＊生地が冷めるとアーモンドキャラメルを広げにくくなるため、4が焼き上がる5分くらい前から作り始めるとよい。

6. 4をオーブンから取り出し、温かいうちに5を流し入れてゴムべらで全体に広げる。再びオーブンに入れ、温度を170℃に下げて20分焼いて取り出し、そのまま5～10分ほど冷ます。粗熱がとれたら外枠をはずし、オーブンシートの上にひっくり返しておいて底板をはずす。パン切りナイフで好みの大きさに切り分けて皿に盛る。
   ＊切るときはアーモンドキャラメルを下にして力を入れず、パン切りナイフを前後に動かすと崩れずきれいに切れる。

フロランタンラスク
Biscottes façon Florentins

フロランタンのおいしさはアーモンドキャラメルの香ばしさ。手軽に作れるラスクは、土台がバゲットなので軽やかさとサクサク感を楽しめます。好みでオレンジピールを散らしても。

材料（作りやすい分量）

バゲット … 1/2本
アーモンドキャラメル
A ┃ バター … 20g
　┃ グラニュー糖 … 20g
　┃ はちみつ … 大さじ1弱
　┃ 生クリーム … 大さじ2
　スライスアーモンド … 40g
オレンジピール（好みで／刻む）
　… 適量

下準備

・天板にオーブンシートを敷く。
・オーブンは170℃に予熱する。

作り方

1　バゲットをパン切りナイフで7mm厚さにスライスする。

2　アーモンドキャラメルを作る。小鍋にAを入れて中火にかける。ゴムべらで混ぜながらバターが溶けてふつふつとしてきたらアーモンドを加え＜a＞、弱火にして色づかないように注意し、アーモンドにとろりとからむまで5分煮詰める＜b＞。

3　天板に1を並べ、2をスプーンですくって等分にのせる＜c＞。170℃のオーブンで20分焼いて一度取り出し、好みでオレンジピールを散らし、さらに1～2分焼く。表面がおいしそうなキャラメル色になれば焼き上がり。取り出して網にのせて冷ます。

a

b

c

キャラメルロールケーキ
Gâteau roulé au caramel

コーヒー風味の生地にビターなキャラメルクリームを重ね、ほろ苦さやコクを感じる大人のロールケーキに。たっぷりのクリームにプラリネやナッツを加えてアクセントにしました。

Recette → p.50

キャラメルシフォンケーキ
Chiffon cake au caramel

生地にキャラメルソースとラム酒を加え、甘さを控えた大人の味に。
仕上げのキャラメルクリームはマーブル状に塗り重ねると、見た目
もかわいく、キャラメルの味をストレートに感じられる効果も。

キャラメルロールケーキ

材料 （28cmの天板1枚分）

スポンジ生地
- 卵黄 … 3個分
- グラニュー糖 … 20g
- 太白ごま油（または米油）… 大さじ2
- A
  - 牛乳 … 40mℓ
  - インスタントコーヒー（粉末）… 小さじ1と1/2
- 薄力粉 … 50g
- メレンゲ
  - 卵白 … 3個分
  - グラニュー糖 … 40g

ホイップクリーム
- 生クリーム（脂肪分40％以上）… 1カップ
- 練乳（またはグラニュー糖）… 25g
- B
  - インスタントコーヒー（粉末）… 小さじ1/2
  - 湯 … 小さじ1/2

キャラメルクリーム・ビター（p.12）… 80g
プラリネ（p.28／または好みのナッツ類／砕く）… 30g

仕上げ
- キャラメルクリーム・ビター … 30〜40g
- プラリネ（または好みのナッツ類／砕く）… 約10g
- ピスタチオ（殻なし／刻む）… 適量

下準備

・卵白は使う直前まで冷蔵庫で冷やす。
・Aの牛乳を小鍋に入れて中火にかけ、温まったら火を止める。インスタントコーヒーを加えて混ぜ、冷ます。
・天板にオーブンシートを敷く。
・オーブンは200℃に予熱する。

Note

「キャラメルクリーム・ビター」がないときは？

小鍋にグラニュー糖50gと水大さじ1を入れて強火にかけ、ふちが茶色く色づいてきたら中火にする。鍋を回して全体が茶色になったら火を止め、余熱でしょうゆ色にする。温めた生クリーム100mℓを加え、再び中火にかけてゴムべらで混ぜながら、全体がなじんでふつふつと煮立ったら火を止める。

作り方

1 スポンジ生地を作る。ボウルに卵黄とグラニュー糖を入れ、泡立て器ですり混ぜる。太白ごま油を少しずつ加え、もったりするまで混ぜる。準備したAを加えて混ぜ＜a＞、薄力粉をふるい入れてさらに混ぜる。

2 メレンゲを作る。冷蔵庫から卵白を取り出してボウルに入れ、ハンドミキサーの高速で泡立てる。細かい泡が出てきたら、グラニュー糖を3回に分けて加え、そのつど攪拌してツノの先がピンと立つくらいまで泡立てる＜b＞。

3 1に2の1/2量を加え、泡立て器でしっかり混ぜる。残りの2を加え、ゴムべらに持ち替えて底から返すように混ぜる＜c＞。

4 天板に3を流し入れ、カードで表面をならす＜d＞。200℃のオーブンで7〜8分焼いて取り出し、すぐに天板ごと5cmくらいの高さから2〜3回台に落として空気を抜く。天板からはずして、生地が乾かないようにひと回り大きい板などの上にオーブンシートごとのせ、上にもひと回り大きく切ったオーブンシートをかぶせて冷ます。

5 ホイップクリームを作る。ボウルにBを入れて混ぜ、残りの材料を加えて、氷水を張ったボウルを当ててハンドミキサーの低速で、クリームのツノの先が立つ程度（9分立て）に泡立てる。

6 4をかぶせたオーブンシートごと台の上にひっくり返し、敷いていたオーブンシートをはがして手前と巻き終わりの両端の2辺を斜めに1cm切り落とす。キャラメルクリームを全体に塗り広げ、5をのせる＜e＞。手前3cmくらいを厚めに、残りは均等に塗り、手前から2〜3本浅く切り込みを入れる＜f＞。プラリネを適当な大きさに砕き、巻き終わり側をよけて散らす。

7 手前側をひと折りして芯を作り＜g＞、オーブンシートごと持ち上げてひと巻きする。巻き終わりを下にして、シートの上からケーキに定規を当て＜h＞、シートの端を引っ張りながら締める。ラップで包んで冷蔵庫で1〜2時間冷やして取り出し、ラップとオーブンシートをはがして仕上げのキャラメルクリームをスプーンで塗り、プラリネをのせてピスタチオを散らす。

51 Chapitre 2 Classiques au caramel

キャラメルシフォンケーキ

材料（直径17cmのシフォン型1台分）

生地
- 卵黄 … 4個分
- グラニュー糖 … 20g
- 太白ごま油（または米油）… 大さじ4
- A
  - キャラメルソース（p.8）… 50g
  - ラム酒 … 小さじ1
  - 湯 … 大さじ1
- 薄力粉 … 75g
- メレンゲ
  - 卵白 … 4個分
  - グラニュー糖 … 50g

ホイップクリーム
- 生クリーム … 300mℓ
- グラニュー糖 … 20g

キャラメルクリーム・スイート（p.14）… 大さじ3

下準備
- 卵白は使う直前まで冷蔵庫で冷やす。
- Aは材料を混ぜ合わせる。
- オーブンに天板を入れ、170℃に予熱する。

作り方

1 生地を作る。ボウルに卵黄とグラニュー糖を入れて泡立て器でよくすり混ぜる。白っぽくなったら太白ごま油を少しずつ加えて混ぜる＜a＞。準備したAを加えて混ぜ＜b＞、薄力粉をふるい入れてさらに混ぜる。

2 メレンゲを作る。冷蔵庫から卵白を取り出してボウルに入れ、ハンドミキサーの高速で泡立てる。細かい泡が出てきたらグラニュー糖を少しずつ加え、そのつど攪拌してツノの先がおじぎをするくらいまで泡立て、つやのあるメレンゲにする＜c＞。

3 1に2の1/3量を加え、泡立て器でしっかり混ぜる＜d＞。残りの2を2回に分けて加え、ゴムべらに持ち替えてそのつど底から返すように混ぜる。

4 型に3を流し入れ＜e＞、軽くゆらして表面をならす。竹串で生地をぐるぐると混ぜ、大きな気泡を消す。170℃のオーブンで35分焼く。竹串を刺して、生地がついてこなければ焼き上がり。すぐに型ごと逆さにしてびんなどに挿して冷ます＜f＞。

5 完全に冷めたら型の側面とケーキの間にナイフを挿し入れ、1周させて外枠をはずす。同様に中央の筒とケーキの間、底板とケーキの間にそれぞれナイフを挿し入れて、ケーキをそっと型からはずす。

6 ホイップクリームを作る。ボウルに生クリームとグラニュー糖を入れ、氷水を張ったボウルを当ててハンドミキサーの中速で泡立てる。クリームをすくうとツノの先がおじぎをする程度（7分立て）になったら、ケーキの上に流し、パレットナイフで表面に塗る＜g＞。キャラメルクリームをところどころに重ねて塗り＜h＞、マーブル状に仕上げる。

Note

「キャラメルソース」がないときは？

小鍋にグラニュー糖50gと水大さじ1を入れて強火にかけ、ふちが茶色く色づいてきたら中火にする。鍋を回して全体が茶色になったら火を止め、余熱でしょうゆ色にする。熱湯50mℓを加え、再び中火にかけてゴムべらで混ぜながら、ダマがなくなって全体が均一になり、とろりとするまで煮詰める。

＊上記A同様、ラム酒、湯と合わせて70mℓにする。

「キャラメルクリーム・スイート」がないときは？

小鍋にグラニュー糖30gと水小さじ1を入れて強火にかけ、ふちが茶色く色づいてきたら中火にする。鍋を回して全体が茶色になったら火を止め、余熱で紅茶色にする。温めた生クリーム60mℓを加え、再び中火にかけてゴムべらで混ぜながら、全体がなじんでふつふつと煮立ったら火を止める。

53 Chapitre 2 Classiques au caramel

カヌレ
Cannelés

クレープのような生地だから作り方はシンプル。型に近い部分は砂糖が焦げて香ばしく、内側はモチモチとした食感に。生地をしっかり休ませて、オーブンの温度を徐々に下げて焼くのがコツです。

カヌレ

材料（直径5.5×高さ5cmのカヌレ型6個分）

- 牛乳 … 250ml
- バニラビーンズ … 1/6本
  *バニラシュガー大さじ1で代用可。
- バター … 15g
- 薄力粉（エクリチュール）… 65g
  *強力粉30g+薄力粉35gで代用可。
- グラニュー糖 … 110g
- A ┌ 卵黄 … 1個分
    └ 溶き卵 … 1/2個分（約25g）
- ラム酒 … 大さじ1

下準備

・ボウルにAを入れて溶きほぐす。

作り方

1. 小鍋に牛乳を入れる。バニラビーンズはさやを縦半分に切り、包丁の先で種をこそぎ取って（p.35のa参照）牛乳に加え、中火にかける。ゴムべらで混ぜながら、沸騰直前まで温めて火を止める。バターを加え＜a＞、余熱で溶かして混ぜる。そのままおいて60℃くらいまで冷ます。

2. ボウルに薄力粉とグラニュー糖を入れ、泡立て器でよく混ぜる。1を加えてざっと混ぜる＜b＞。準備したAとラム酒を加えて混ぜる。ラップをかけて冷蔵庫で1～2日休ませる。
   *粉類に牛乳、Aを加えたら、混ぜすぎてグルテンが出ないように注意。
   *ダマになったら、万能こし器でこしてから生地を休ませるとよい。

3. 型にバターまたはオイルスプレー（ともに分量外）を塗る。底に余分な油がたまりやすいため、バットの上などに逆さにしておく＜c＞。

4. 冷蔵庫から2を取り出して室温におく。生地の温度が20℃以上になったら＜d＞、ゴムべらで全体を混ぜて等分に型の8分目まで流し入れる＜e＞。
   *冬場は生地を軽く湯せんにかけて温めてもよい。
   *スケールを使うと生地を等分に入れやすい。

5. オーブンに天板を入れて260℃に予熱し、予熱温度に達してからそのまま10分おく。オーブンの庫内の温度が均一になったら天板に型を並べ入れ、温度を240℃に下げて10分、230℃に下げて10分焼き、さらに200～190℃に下げて40分焼く。取り出してすぐに型から出し、網にのせて冷ます＜f＞。
   *オーブンの庫内の温度がムラなく設定温度に達しているかを確認するには、オーブン用の温度計を使うと便利。
   *予熱温度が260℃に達しないオーブンの場合は、最高到達温度でOK。
   *焼いている途中で生地が浮き上がってきたら、オーブンの温度を200℃に下げるタイミングで一度取り出し、作業台などに型をコンコンと打ちつけて生地を底に落とすとよい。

Chapitre 2   Classiques au caramel

Chapitre 3
Gâteaux au caramel

キャラメルの焼き菓子

キャラメルソースやキャラメルクリームを使い、
いつもの焼き菓子をキャラメルフレーバーで楽しみます。
アップサイドダウンケーキやパウンドケーキ、チーズケーキ、
クッキーなど、どんなお菓子もキャラメルを使うと
コクやほろ苦さがプラスされ、大人っぽい味わいに変身します。

ピーチキャラメルアップサイドダウンケーキ

Recette ⟶ p.60

ピーチキャラメルアップサイドダウンケーキ
Gâteau renversé aux pêches

オーブンから出してひっくり返すのが楽しみなケーキ。生地にヨーグルトを加えて軽やかに仕上げました。黄桃は崩れやすいのでキャラメリゼをしてから薄く切るのがきれいに並べるポイントです。

材料 （直径15cmの丸型1台分）

キャラメルソース
- グラニュー糖 … 50g
- 水 … 小さじ2

黄桃のキャラメリゼ
- 黄桃（缶詰）… 1缶（半割り5個）
- グラニュー糖 … 30g＋30g
- 水 … 大さじ1
- レモンの搾り汁 … 小さじ1
- バター … 小さじ1
- カルダモン（あれば／ホール）… 2～3粒

生地
- バター … 70g
- グラニュー糖 … 70g
- 溶き卵 … 1個分
- A ┌ 薄力粉 … 100g
  └ ベーキングパウダー … 小さじ1
- プレーンヨーグルト … 30g
- レモンの搾り汁 … 大さじ1
- レモンの皮のすりおろし … 少々

下準備

- 型の側面にオーブンシートを敷く。
- 生地用のバターは室温にもどす。
- 黄桃は縦に2～3つ割りにし、ペーパータオルにのせて水分をとる。
- カルダモンはさやをはずし、すり鉢ですりつぶす。
- オーブンは180℃に予熱する。

作り方

1. キャラメルソースを作る。小鍋にグラニュー糖と分量の水を入れて強火にかけ、ふちから茶色になってきたら中火にする。鍋を回しながら全体をなじませ、紅茶色になったら火を止め、型に流し入れて冷ます。

2. 黄桃のキャラメリゼを作る。フライパンにグラニュー糖30gと分量の水を入れて強めの中火にかける。ふちが茶色くなってきたら火を止め、余熱で全体が紅茶色になったら準備した黄桃を加えてからめる＜a＞。グラニュー糖30gとレモンの搾り汁を加え、再び強めの中火にかけてさっと煮詰め、バターを加えて溶かし＜b＞火を止める。黄桃を取り出して、厚さを半分にスライスする。

3. 2のフライパンに準備したカルダモンを加え、強めの中火で煮詰めて火を止め、1に流し入れる＜c＞。型を回して底全体に広げ、2の黄桃を放射状に並べ入れ、中央にもすきまなく並べる＜d＞。

4. 生地を作る。ボウルにバターとグラニュー糖を入れ、泡立て器ですり混ぜる。溶き卵を少しずつ加えてなじむまで混ぜる。Aを合わせてふるい入れ、ゴムべらに持ち替えて底から返すようにざっと混ぜる。ヨーグルト、レモンの搾り汁、レモンの皮のすりおろしを加え、粉けがなくなるまで切るようにしっかり混ぜる。

5. 3に4を入れ、中央をくぼませ、側面が高くなるように表面をゴムべらでならす＜e＞。180℃のオーブンで10分、温度を170℃に下げてさらに25～30分焼いて取り出す。熱いうちに皿をかぶせてひっくり返し、型をはずす＜f＞。

＊中央が膨らみやすいため、あらかじめ生地をくぼませておくことで、平らに焼き上がる。

あんずとバナナのキャラメルタルト
Tartelette aux abricots et aux bananes, crème caramel

新発想で作るタルトは、型に敷き込む手間も重しをのせて空焼きする必要もありません。あんずのほか、サワーアップルキャラメルクリーム（p.17）でもおいしく食べられます。

| 材料 | （直径7.5／底直径6×高さ6.5cmの
マフィンカップ8個分）

タルト生地
　バター … 75g
　粉砂糖 … 30g
　卵黄 … 1個分
　薄力粉（エクリチュール）… 140g
　＊強力粉70g+薄力粉70gで代用可。
バナナ … 2本（正味200g）
ブラウンシュガー … 大さじ2
ラム酒 … 大さじ2
あんずキャラメルクリーム（p.17）… 200g
ホイップクリーム
　生クリーム … 80ml
　グラニュー糖 … 小さじ1
シナモンパウダー … 適量

| 下準備 |

・バターは室温にもどす。
・ラップを大きめに2枚切り、十字に重ねて広げる。
・オーブンシートを50cm長さに2枚切る。
・オーブンに天板を入れ、170℃に予熱する。

| 作り方 |

1　タルト生地を作る。ボウルにバターと粉砂糖を入れ、ゴムべらでクリーム状になるまですり混ぜる。卵黄を加えてなじむまで混ぜる。薄力粉をふるい入れ、粉けがなくなるまで切るようにさっくりと混ぜる。

2　準備したラップの中央に1をのせてふんわり包み、めん棒で軽くのばして平らにする。冷蔵庫で30分以上休ませる。

3　冷蔵庫から2を取り出して準備したオーブンシート1枚の上にのせ、もう1枚のオーブンシートをかぶせてめん棒で2mm厚さにのばす＜a＞。直径8cmの丸型（または直径8.5cmの菊型）で抜き、オーブンシートからそっと生地をはがす。残った生地はひとまとめにして2mm厚さにのばし、同様に型で抜いて8枚用意する。
　＊厚さが2mm以上になると焼き上がりに割れてしまうことがあるので注意。

4　マフィンカップを逆さまに置き、中心を合わせて3をのせ＜b＞、タルトの底面になる部分の生地にフォークで数カ所穴をあける。残りも同様にして天板にカップを並べ、170℃のオーブンで12分焼いて取り出し＜c＞、そのまま冷ます。
　＊カップの底と生地の中心がずれると、焼き上がりのタルトのふちの高さが均一にならないので注意。カップに生地をのせた後は、カップに沿って自然に生地が垂れ下がるので、手で強く押さえなくてOK。

5　バナナを7mm厚さの輪切りにしてボウルに入れ、ブラウンシュガー、ラム酒を加えてさっと混ぜ、あんずキャラメルクリームを加えてからめる。

6　ホイップクリームを作る。ボウルに生クリームとグラニュー糖を入れ、氷水を張ったボウルを当ててハンドミキサーの低速で、クリームをすくうとツノの先がおじぎをする程度（7分立て）に泡立てる。4を型からはずしてひっくり返し、5を等分に入れる。ホイップクリームをスプーンですくってのせ、シナモンパウダーをふる。

a

b

c

パンプキンチーズケーキ
Cheesecake au potiron

バスクチーズケーキのようななめらかなチーズケーキだから、かぼちゃのおいしさが引き立ちます。ゆるめに仕上げたキャラメルクリームをたっぷりかければ、口の中でとろけます。

材料 （直径15cmの丸型1台分）

かぼちゃ … 250g（1/8個）
生クリーム … 100mℓ
クリームチーズ … 200g
きび砂糖 … 70g
シナモンパウダー … 小さじ1/2
溶き卵 … 2個分
コーンスターチ … 12g
溶かしバター … 大さじ1
キャラメルクリーム・スイート（p.14）
　…100〜120g
ラム酒 … 小さじ2
プラリネ（p.28／または
　好みのナッツ類／あれば）… 適量

下準備

・型の側面と底にオーブンシートを敷く。
・オーブンに天板を入れ、170℃に予熱する。

作り方

1 かぼちゃは種とわたを取り、3〜4つ割りにして皮を除いて160g分用意する。ラップでふんわり包み、電子レンジで4分加熱する。ミキサーに入れ、生クリームを加えて攪拌し、なめらかなピューレ状にする。
＊かぼちゃは色の濃いものを選ぶとケーキの色が鮮やかになる。

2 耐熱のガラスボウルにクリームチーズを入れ、ラップをふんわりかけて電子レンジで1分加熱する。きび砂糖とシナモンパウダーを加え、なめらかになるまで泡立て器でよく混ぜる。

3 1を加えてなじむまで混ぜる。溶き卵を少しずつ加えてそのつどよく混ぜ、コーンスターチを茶こしでふるい入れて混ぜる。溶かしバターを加えてよく混ぜる。型に流し入れ、170℃のオーブンで40分焼いて取り出し、全体をアルミ箔で覆って冷ます。粗熱がとれたら冷蔵庫でひと晩冷やす。

4 3を冷蔵庫から取り出して、型の側面とオーブンシートの間にナイフを挿し入れ、1周させる。まな板をかぶせてひっくり返し、側面と底のオーブンシートをはずす。皿をかぶせてもう一度ひっくり返す。

5 キャラメルクリームを湯せんにかけ、ほどよくやわらかくなったらラム酒を加えて混ぜる。ケーキの上面に流し、パレットナイフで塗り広げる。あればプラリネを適当な大きさに砕いて飾る。

Note

「キャラメルクリーム・スイート」がないときは？

小鍋にグラニュー糖50gと水大さじ1を入れて強火にかけ、ふちが茶色く色づいてきたら中火にする。鍋を回して全体が茶色になったら火を止め、余熱で紅茶色にする。温めた生クリーム100mℓを加え、再び中火にかけてゴムべらで混ぜながら、全体がなじんでふつふつと煮立ったら火を止める。

ミルクチョコレートのキャラメルケーク

Cake au caramel, ganache chocolat

キャラメルのほろ苦さとミルクチョコレートの甘さが絶妙。ガナッシュをかけることで味のアクセントはもちろん、ケークの水分を保ってくれるのでしっとりとした口当たりに。

Recette ———▶ p.68

Chapitre 3　Gâteaux au caramel

柑橘とキャラメルは相性がよく、マーブルにすることで味が複雑になり、ひと口ごとに味の変化を楽しめます。サワークリームや溶かしバターを使い、やわらかな食感のケークに。

レモンジンジャーと
キャラメルのマーブルケーク
Cake marbré au caramel, citron-gingembre

Recette ───▶ p.69

ミルクチョコレートのキャラメルケーク

材料（18×8.5×高さ6cmのパウンド型1台分）

キャラメルケーク
- バター … 80g
- グラニュー糖 … 80g
- キャラメルクリーム・ビター（p.12）… 80g
- アーモンドパウダー … 30g
- 溶き卵 … 2個分
- A
  - 薄力粉 … 90g
  - ベーキングパウダー … 小さじ1
- ラム酒 … 大さじ1＋大さじ1

ガナッシュ
- B
  - キャラメルクリーム・ビター … 30g
  - 牛乳 … 10ml
- ミルクチョコレート（細かく刻む）… 40g

下準備
- バターは室温にもどす。
- 型にオーブンシートを敷く。
- オーブンに天板を入れ、180℃に予熱する。

作り方

1. キャラメルケークを作る。ボウルにバターとグラニュー糖を入れ、ハンドミキサーの中〜高速でふんわりするまで泡立てる。キャラメルクリームを加え、なじむまでよく混ぜる。アーモンドパウダーを加えて混ぜ、溶き卵を少しずつ加えてそのつど中速で全体がなじむように混ぜる。

2. Aを合わせてふるい入れ、ゴムべらで粉っぽさがなくなるまでさっくりと混ぜる。ラム酒大さじ1を加えてさっと混ぜて型に入れ、表面をならし＜a＞、180℃のオーブンで10分、温度を170℃に下げてさらに30分焼き、中心に竹串を刺して生地がついてこなければ焼き上がり。型ごと網にのせて冷まし、粗熱がとれたら型をはずしてラム酒大さじ1を刷毛で塗る。

3. ガナッシュを作る。ボウルにBを入れて湯せんにかけ、ゴムべらで混ぜる。チョコレートを加えて湯せんをはずし、混ぜながら余熱で溶かす。バットの上に網を置いて2をのせる。ガナッシュを上からかけて＜b＞、ゴムべらでならす。ガナッシュが乾いたら切り分ける。

a

b

Note

「キャラメルクリーム・ビター」がないときは？

小鍋にグラニュー糖50gと水大さじ1を入れて強火にかけ、ふちが茶色く色づいてきたら中火にする。鍋を回して全体が茶色になったら火を止め、余熱でしょうゆ色にする。温めた生クリーム100mlを加え、再び中火にかけてゴムべらで混ぜながら、全体がなじんでふつふつと煮立ったら火を止める。

レモンジンジャーとキャラメルのマーブルケーク

材料（18×8.5×高さ6cmのパウンド型 1台分）

- サワークリーム … 75g
- グラニュー糖 … 120g
- はちみつ … 大さじ1
- 溶き卵 … 2個分
- A ┃ 薄力粉 … 135g
  ┃ ベーキングパウダー … 小さじ1
- バター … 50g
- キャラメルクリーム・ビター（p.12）… 95g
- B ┃ レモンの搾り汁 … 小さじ1
  ┃ レモンの皮のすりおろし … 1/4個分
  ┃ おろししょうが … 小さじ2

下準備

- 型にオーブンシートを敷く。
- バターを湯せんにかけて溶かし、そのまま40℃くらいに温めておく。
- オーブンに天板を入れ、180℃に予熱する。

作り方

1. ボウルにサワークリーム、グラニュー糖、はちみつを入れ、泡立て器でよく混ぜる。溶き卵を少しずつ加えてそのつどなじむまで混ぜる。Aを合わせてふるい入れ、ゴムべらに持ち替えてさっくり混ぜる。粉っぽさがやや残る程度に混ぜたら、準備した溶かしバターを加えてよく混ぜる。

2. 別のボウルに1を1/4量取り分け、キャラメルクリームを加えてゴムべらでよく混ぜる。

3. 残りの1にBを加えてよく混ぜる。2を真ん中に落とし、ゴムべらでボウルの底から生地を持ち上げて<a>、折りたたむようにして一度返す<b>。型に流し入れ、180℃のオーブンで10分、温度を170℃に下げてさらに30分焼き、中心に竹串を刺して生地がついてこなければ焼き上がり。型ごと網にのせて冷まし、粗熱がとれたら型から取り出す。

＊ボウルの中で2種類の生地を混ぜすぎると、型に流し入れたときにマーブル状にならないので注意。

a

b

Note

「キャラメルクリーム・ビター」がないときは？

小鍋にグラニュー糖40gと水大さじ1/2を入れて強火にかけ、ふちが茶色く色づいてきたら中火にする。鍋を回して全体が茶色になったら火を止め、余熱でしょうゆ色にする。温めた生クリーム80mlを加え、再び中火にかけてゴムべらで混ぜながら、全体がなじんでふつふつと煮立ったら火を止める。

洋梨のキャラメルフラン
Flan caramel aux poires

フランス留学中に最初に習った思い出の味。今でも大好きなお菓子です。今回はシンプルにタルトの土台はつけずにアレンジしました。温かくても冷やしてもおいしく食べられます。

材料 （160ml容量のココット4個分）

洋梨（缶詰）… 1/2缶（半割り4個）
キャラメルクリーム・ビター（p.12）
　… 90g
牛乳 … 80ml
バニラビーンズ … 1cm
＊バニラシュガー少々で代用可。
コーンスターチ … 17g
バター … 15g
卵 … 1個
グラニュー糖 … 20g
ポワール・ウィリアムス（あれば）
　… 小さじ1
＊さわやかな香りの洋梨のブランデー。

下準備

・バニラビーンズはさやを縦半分に切り、包丁の先で種をこそげ取る（p.35のa参照）。さやと種を牛乳に入れる。
・洋梨はココット1個につき半割り1個をそれぞれ横に薄切りにし、少しずらしながら入れる＜a＞。
・オーブンに天板を入れ、160℃に予熱する。

作り方

1. 小鍋にキャラメルクリームを入れて中火にかけ、ふつふつとしてきたら準備した牛乳を少しずつ加え、ゴムべらでよく混ぜて火を止める。コーンスターチを茶こしでふるい入れ、バターを加えて余熱で溶かしながら混ぜる。

2. ボウルに卵を割り入れて泡立て器でほぐし、グラニュー糖を加えてよく混ぜる。1を加えてなじむまでよく混ぜる＜b＞。あればポワール・ウィリアムスを加えてさっと混ぜ、バニラビーンズのさやを取り出す。

3. 準備したココットに、洋梨がすべて浸らない程度に2を均等に流し入れる＜c＞。天板にココットを並べ、160℃のオーブンで15分焼き、取り出して網にのせて粗熱をとる。

> **Note**
>
> 「キャラメルクリーム・ビター」がないときは？
>
> 小鍋にグラニュー糖45gと水大さじ1/2を入れて強火にかけ、ふちが茶色く色づいてきたら中火にする。鍋を回して全体が茶色になったら火を止め、余熱でしょうゆ色にする。温めた生クリーム90mlを加え、再び中火にかけてゴムべらで混ぜながら、全体がなじんでふつふつと煮立ったら火を止める。

a

b

c

Chapitre 3　Gâteaux au caramel

キャラメルマドレーヌ
Madeleines au caramel

プレーン生地でもアールグレイの茶葉を入れても、キャラメルとよく合います。焼きたてはサクふわ食感を楽しめ、翌日はキャラメルクリームがなじんでしっとりと食べられます。

材料 （縦8×横5cmのマドレーヌ型10個分）

生地
- バター … 70g
- 卵 … 1個
- グラニュー糖 … 40g
- はちみつ … 10g
- A
  - 薄力粉 … 70g
  - ベーキングパウダー … 小さじ1
- アールグレイの茶葉（ティーバッグ／好みで）… 2g
  - ＊茶葉が大きい場合はすり鉢ですって細かくする。

キャラメルクリーム・スイート（p.14）… 60g
グランマニエ … 小さじ1
＊オレンジのリキュール。

下準備

- 型の内側にバターを薄く塗り、薄力粉を薄くまぶす（ともに分量外）。使う直前まで冷蔵庫で冷やす。
- オーブンに天板を入れ、190℃に予熱する。

作り方

1. ボウルにバターを入れて湯せんにかけて溶かし、そのまま温めておく。

2. 別のボウルに卵を割り入れて泡立て器でほぐし、グラニュー糖を加えてすり混ぜる。はちみつを加え、なじむまで混ぜてAを合わせてふるい入れ、ゴムべらに持ち替えてさっくりと混ぜる。1を加えてなじむまで混ぜ、好みで紅茶の茶葉を加えてさっと混ぜる。ラップをかけ、冷蔵庫で2時間以上休ませる。

3. 別のボウルにキャラメルクリームとグランマニエを入れ、ゴムべらでなじむまで混ぜる。口径5mm程度の丸口金をつけた絞り出し袋に入れる。

4. 冷蔵庫から2と準備した型を取り出し、型に生地を均等にすくい入れる。190℃のオーブンで12分、こんがりと焼き色がついたら焼き上がり。取り出してすぐに網に出し、さわれるくらいになったら、膨らんだ部分に3の口金を差し込んで＜a＞キャラメルクリームを等分に絞り入れる。

＊マドレーヌは時間がたつときゅっと締まってくるため、生地が膨らんで温かいうちにキャラメルクリームを絞り入れる。

Note

「キャラメルクリーム・スイート」がないときは？

小鍋にグラニュー糖30gと水小さじ1を入れて強火にかけ、ふちが茶色く色づいてきたら中火にする。鍋を回して全体が茶色になったら火を止め、余熱で紅茶色にする。温めた生クリーム60mlを加え、再び中火にかけてゴムべらで混ぜながら、全体がなじんでふつふつと煮立ったら火を止める。

a

キャラメルサブレサンド
Biscuits sablés aux épices fourrés au caramel

ゴーフルのようなかわいいサンドクッキー。溶かしバターで作るクッキーは焼きたてはカリッと香ばしく、翌日はキャラメルがなじんだ食感の違いも楽しめます。

材料 （直径5.5cmの菊型9個分）

サブレ生地
- A
  - バター … 30g
  - きび砂糖 … 15g
  - メープルシロップ … 大さじ1と1/2
  - 牛乳 … 大さじ1/2
- B
  - 強力粉 … 75g
  - ベーキングパウダー … ひとつまみ
  - カルダモン（ホール／あれば）… 1粒
  - ナツメグパウダー … 小さじ1/4
  - シナモンパウダー … 小さじ1/4

キャラメルクリーム・スイート（p.14）… 45g

下準備
- カルダモンはさやをはずし、すり鉢ですりつぶす。
- オーブンシートを35cm長さに2枚切る。
- 天板にシルパン（またはオーブンシート）を敷く。
- オーブンは170℃に予熱する。

作り方

1 サブレ生地を作る。小鍋にAを入れて弱火にかけ、きび砂糖が溶けるまでゴムべらで混ぜながら温める。

2 ボウルにBを入れて泡立て器でぐるぐると混ぜ、1を少しずつ加えてそのつど混ぜる。

3 準備したオーブンシートの間に2をはさみ、めん棒で軽くのばして平らにする。冷蔵庫で30分以上休ませる。
  ＊ひと晩休ませてもよい。その場合は、オーブンシートの上からラップで包む。

4 冷蔵庫から3を取り出してオーブンシートにはさんだまま台に置き、上からめん棒で3mm厚さにのばして型で抜く。残った生地はひとまとめにして3mm厚さにのばし、同様に型で抜いて18枚用意する。天板に並べて170℃のオーブンで15分焼き、取り出して網にのせて冷ます。

5 4が完全に冷めたら、キャラメルクリーム5gをパレットナイフでサブレの模様がついていない面に薄く塗り広げる＜a＞。もう1枚のサブレではさみ＜b＞、同様に計9個作る。
  ＊シルパンの格子模様がついた面を表側に向けるのがおすすめ。

Note

「キャラメルクリーム・スイート」がないときは？
小鍋にグラニュー糖30gと水小さじ1を入れて強火にかけ、ふちが茶色く色づいてきたら中火にする。鍋を回して全体が茶色になったら火を止め、余熱で紅茶色にする。温めた生クリーム60mlを加え、再び中火にかけてゴムべらで混ぜながら、全体がなじんでふつふつと煮立ったら火を止める。

ラムレーズンキャラメルダックワーズ

Dacquoises au caramel et rhum raisin

フランス発祥のダックワーズはもとは大きなお菓子で、小判形は日本のオリジナル。今回は生地を絞って少し簡単に。ラムレーズンや濃いめのキャラメルをきかせた、小さいけれどリッチな一品です。

材料 （直径約4cmの球形10個分）

生地
- メレンゲ
  - 卵白 … 2個分
  - グラニュー糖 … 20g
- A
  - アーモンドパウダー … 40g
  - 薄力粉 … 6g
  - 粉砂糖 … 30g

ラムレーズン
- レーズン … 30g
- ラム酒 … 大さじ2

バタークリーム
- キャラメルクリーム・ビター（p.14） … 40g
- バター … 50g

キャラメルクリーム・ビター … 20g

下準備

- 卵白は使う直前まで冷蔵庫で冷やす。
- ラムレーズンを作る。レーズンは湯通しして水けをきり、耐熱容器に入れてラム酒をふり、ラップをかけて電子レンジで30秒加熱する。
- バターは室温にもどす。
- 天板にオーブンシートを敷く。
- オーブンは190℃に予熱する。

作り方

1. 生地を作る。冷蔵庫から卵白を取り出してボウルに入れ、ハンドミキサーの中速で泡立てる。細かい泡が出て白っぽくなってきたら、高速に変えてグラニュー糖を少しずつ加え、ツノの先がピンと立つくらい（p.51のb参照）まで泡立てる。

2. Aを合わせてふるい入れ、ゴムべらでさっくりと混ぜる。口径11mm程度の丸口金をつけた絞り出し袋に入れ、天板に間をあけて直径4cmの円形に20個絞る。表面に茶こしで粉砂糖（分量外）を2回ふり＜a＞、190℃のオーブンで9～12分焼く。薄く焼き色がついたら取り出し、網にのせて冷ます。

3. バタークリームを作る。ボウルにキャラメルクリームとバターを入れ、ハンドミキサーの高速でふわっとするまで混ぜる。口径5mm程度の丸口金をつけた絞り出し袋に入れる。

4. 2の平らな面を上にして持ち、3をまわりに5～6カ所絞る。中央にキャラメルクリームをのせ、間に準備したラムレーズンを4～5個のせる＜b＞。上に2をのせて軽く押さえ、同様に計10個作る。

a

b

Note

「キャラメルクリーム・ビター」がないときは？

小鍋にグラニュー糖30gと水小さじ1を入れて強火にかけ、ふちが茶色く色づいてきたら中火にする。鍋を回して全体が茶色になったら火を止め、余熱でしょうゆ色にする。温めた生クリーム60mlを加え、再び中火にかけてゴムべらで混ぜながら、全体がなじんでふつふつと煮立ったら火を止める。

Chapitre 3　Gâteaux au caramel

みそ風味のクリスピーキャラメルクッキー
Biscuits croustillants au Miso et éclats de caramel

軽い口当たりのクッキー生地と表面のキャラメルタブレットが焦げることでクリスピーな食感に。みその塩味やごまとくるみの香ばしさも感じられる、甘じょっぱさがくせになるクッキーです。

材料（直径約5cmのクッキー12枚）

- バター … 50g
- ピーナッツバター … 小さじ1
- きび砂糖 … 35g
- 溶き卵 … 1/2個分（約25g）
- A [薄力粉 … 80g
    重曹 … 小さじ1/8]
- みそ（米みそなど好みのもの）… 小さじ1/2
- キャラメルタブレット（p.10）… 20g
- くるみ（あれば／から煎りして粗く刻む）… 15g
- 白煎りごま … 少々

下準備

- バターは室温にもどす。
- Aは合わせてふるう。
- 天板にオーブンシートを敷く。
- オーブンは180℃に予熱する。

Note

「キャラメルタブレット」がないときは？
小鍋にグラニュー糖20gと水小さじ1を入れて中火にかけ、グラニュー糖を溶かす。鍋を傾けて鍋底のキャラメルがしょうゆ色になったら火を止め、オーブンシートの上に手早く適当な大きさで落として冷ます。

作り方

1. ボウルにバターとピーナッツバターを入れ、ゴムべらでクリーム状になるまでよく混ぜる。きび砂糖を加えてすり混ぜ、溶き卵を少しずつ加えてそのつどなじむまでよく混ぜる。Aをもう一度ふるい入れ、粉っぽさが残る程度まで切るようにさっくりと混ぜる。みそを少量ずつ10カ所ほど散らし〈a〉、ざっと混ぜる。

2. キャラメルタブレットをラップでふんわり包み、めん棒などでたたいて細かく砕く〈b〉。1に加え、ゴムべらでざっと混ぜ〈c〉、あればくるみを加えて粉けがなくなるまでさっくりと混ぜる。12等分に分け、直径3.5cmくらいに丸めて天板にのせ、上から軽くつぶして白煎りごまを散らす。180℃のオーブンで15分焼いて取り出し、網にのせて冷ます。

a

b

c

Chapitre 4
Desserts froids au caramel

キャラメルの冷たいお菓子

キャラメルはミルクとの相性も抜群なので、
冷たいお菓子をおいしくしてくれる存在です。
アイスやチーズケーキなど、どれも人気のスイーツですが、
自分でキャラメルを作れば、好みの甘さに仕上げられるのも魅力。
柑橘や洋酒などの風味をきかせた、
大人が楽しめる冷たいキャラメルのお菓子です。

キャラメルアイス

Recette

キャラメルアイスクリーム
Parfait au caramel

パリのレストランの定番デザートとして人気の「パルフェ」をキャラメルでアレンジ。ホイップクリームとメレンゲを使ったアイスだから、攪拌しなくてもふわっと軽く、口溶けがよいのが特徴です。

材料（16×20.5×高さ3.5cmのバット1台分）

アイス生地
- メレンゲ
  - 卵白 … 1個分
  - グラニュー糖 … 35g
- 生クリーム … 150ml
- ＊脂肪分47％と37％を2：1の割合で合わせる。
- キャラメルクリーム・ビター（p.12） … 30g

いちじくのブランデー漬け
- ドライいちじく（1cm角に刻む） … 100g
- ブランデー … 大さじ2

キャラメルクリーム・ビター … 35～50g

下準備

・いちじくのブランデー漬けを作る。耐熱容器にいちじくを入れ、ブランデーをふりかけてラップをかけ、電子レンジで1分加熱して冷ます。

作り方

1. アイス生地を作る。ボウルにメレンゲの材料を入れて湯せんにかけ、泡立て器で混ぜる＜a＞。50℃（指を入れて熱いと感じる）くらいになったら湯せんからはずし、ハンドミキサーの高速でツノの先がピンと立つくらいまで泡立てる＜b＞。
   ＊冷菓でもよく使用されるスイスメレンゲの製法。卵白を湯せんにかけて温めることでコシとつやのある強いメレンゲになる。

2. 別のボウルに生クリームとキャラメルクリームを入れ、氷水を張ったボウルに当ててハンドミキサーの高速で、クリームのツノの先がピンと立つ程度（9分立て）まで泡立てる＜c＞。1を加え、ゴムべらに持ち替えて底から返すようにさっくりと混ぜる＜d＞。

3. 準備したいちじくのブランデー漬けとキャラメルクリームを順に加え＜e＞、そのつどさっと混ぜる。バットに入れてゴムべらで表面をならし＜f＞、ラップをかけて冷凍庫で3時間以上冷やし固める。
   ＊最後に加えるキャラメルクリームの量は、好みで調整するとよい。

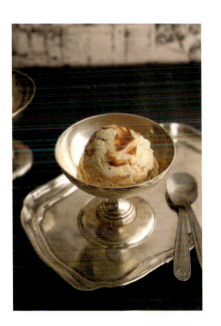

Note

「キャラメルクリーム・ビター」がないときは？

小鍋にグラニュー糖40gと水大さじ1/2を入れて強火にかけ、ふちが茶色く色づいてきたら中火にする。鍋を回して全体が茶色になったら火を止め、余熱でしょうゆ色にする。温めた生クリーム80mlを加え、再び中火にかけてゴムべらで混ぜながら、全体がなじんでふつふつと煮立ったら火を止める。

Chapitre 4 Desserts froids au caramel

キャラメルのスフレプディング
Pudding soufflé au caramel

85

Chapitre 4　Desserts froids au caramel

パリのビストロで食べたメニュー「パリ・ドーヴィル」を作りやすくアレンジしました。手の込んだお菓子に見えますが、初心者でも比較的簡単に作れます。スフレチーズケーキのようなふわしゅわの口溶けをお試しください。

Recette ⟶ p.86

キャラメルのスフレプディング

材料 (直径21cmのリング型〈または直径18cmの丸型〉1台分)

キャラメルソース
- グラニュー糖 … 50g
- 水 … 小さじ1
- 熱湯 … 大さじ2

プリン生地
- 薄力粉 … 45g
- グラニュー糖 … 30g
- 牛乳 … 360ml
- バニラビーンズ … 1/4本
  *バニラシュガー少々で代用可。
- バター … 45g
- 卵黄 … 3個分

メレンゲ
- 卵白 … 3個分
- 塩 … ひとつまみ
- グラニュー糖 … 40g

下準備

- バニラビーンズはさやを縦半分に切り、包丁の先で種をこそげ取る（p.35のa参照）。種を牛乳に加える。
- 型よりひとまわり大きいバットに厚手のペーパータオル（またはふきん）を敷く。
- オーブンに天板を入れ、180℃に予熱する。

作り方

1. キャラメルソースを作る。小鍋にグラニュー糖と分量の水を入れて強火にかけ、ふちが茶色くなってきたら中火にし、ときどき鍋を回しながら全体をなじませ、しょうゆ色になったら火を止める。分量の熱湯を加え、再び中火にかける。ゴムべらで混ぜながら煮詰め、なじんでとろっとしてきたら火を止める。型に流し入れ、粗熱をとる。
   *粗熱がとれた後もソースが固まらずに流れるくらいのとろみが目安＜a＞。

2. プリン生地を作る。別の鍋に薄力粉をふるい入れ、グラニュー糖を加えて泡立て器で混ぜ、準備した牛乳を少しずつ加えてそのつどよく混ぜる。中火にかけて沸騰したら弱火にし、混ぜながらホワイトソースのようなとろみになるまで2分ほど煮て火を止める＜b＞。バターを加えて余熱で溶かしながら混ぜ、卵黄を加え、もったりとしてすくうと途切れずに垂れるくらいまで混ぜる＜c＞。

3. ボウルにメレンゲの卵白と塩を入れ、ハンドミキサーの中速で泡立てる。細かい泡が出てきたら高速にし、グラニュー糖を3回に分けて加え、そのつど攪拌してツノの先がおじぎをするくらい（p.53のc参照）まで泡立てる。2を加え、泡立て器で色が均一になるまで混ぜ、1の型に流し入れる。

4. 準備したバットに型をのせ、熱湯を型の高さ2cmくらいまで注ぎ＜e＞、天板にのせて180℃のオーブンで40分湯せん焼きする。取り出してそのままおき＜f＞、粗熱がとれたらラップをかけ、冷蔵庫で冷やす。
   *ひと晩以上冷やすと、味がなじんでおいしくなる。

5. 冷蔵庫から取り出して、型の外周の側面と生地の間にナイフを挿し入れ、型を回してぐるりと1周させる。型の内周も同様にする。フライパンなどに湯を張り、底をさっとつけ（または湯でぬらして絞ったふきんを底に当て）てキャラメルをゆるめてから、皿をかぶせてひっくり返す。型と皿を両手でしっかり押さえながら、上下にふって型からはずし、好みのサイズにカットして器に盛る。

Chapitre 4 Desserts froids au caramel

キャラメルクリームレアチーズケーキ
Cheesecake au crème caramel

ミルキーなレアチーズケーキとキャラメルクリームの組み合わせは、誰からも愛されるやさしい味わい。ビスケットの食感とシナモンの風味がよいアクセントになります。

Recette ▶ p.90

Chapitre 4　Desserts froids au caramel

レモンキャラメルブリュレ
Crème brûlée au citron

あえて果汁は使わず、レモンの香りでキャラメルを引き立てます。
クリーミーな口当たりと仕上げのキャラメリゼのパリッと感が贅沢。
冷たくしても半解凍でも、おいしく食べられます。

Recette ━━▶ p.91

キャラメルクリームレアチーズケーキ

材料 （直径15cmの底の抜ける丸型1台分）

生地
- クリームチーズ … 200g
- グラニュー糖 … 60g
- プレーンヨーグルト … 25g
- レモンの搾り汁 … 小さじ1
- 生クリーム（脂肪分42％以上）… 200㎖
  - 粉ゼラチン … 3g
  - 水 … 大さじ1と1/2

ボトム
- ビスケット（市販）… 6枚
  - ＊ここでは「ロータス オリジナルカラメルビスケット」を使用。

キャラメルクリーム・スイート（p.14）
  … 100〜120g

下準備
- 器に分量の水を入れ、粉ゼラチンをふり入れてふやかす（p.93のa参照）。
- ボトムを作る。型にビスケットを5枚並べる。残りの1枚を適当な大きさに割ってすきまに置く＜a＞。

＊敷き詰めず、すきまが残っている状態でよい。

作り方

1. 生地を作る。耐熱のガラスボウルにクリームチーズを入れ、ラップをふんわりかけて電子レンジで40秒ほど加熱し、やわらかくする。グラニュー糖を1/2量加え、なめらかになるまでゴムべらですり混ぜる。ヨーグルトとレモンの搾り汁を加えてよく混ぜる。

2. 生クリーム50㎖を耐熱の計量カップに入れ、ラップをふんわりかけて電子レンジで30秒ほど加熱する。ふやかしたゼラチンを加えて混ぜて溶かし、1に加えて泡立て器でなじむまでしっかり混ぜる。

3. 別のボウルに残りの生クリームとグラニュー糖を入れ、氷水を張ったボウルを当ててハンドミキサーの高速で、ツノの先がピンと立つ程度（9分立て）まで泡立てる。2に加え、ゴムべらで底から返すようにさっくりと混ぜる。準備した型に流し入れ、表面をならす。ラップをかけて冷蔵庫で4時間以上冷やし固める。

4. 冷蔵庫から取り出し、湯でぬらして絞ったふきんで型のまわりを覆い、型よりも高さのある缶詰などの上に置いて外枠をゆっくり下ろしてはずす。底板とボトムの間にナイフを入れて底板をはずし、器に盛る。キャラメルクリームを湯せんにかけ、塗りやすいかたさになったら上面に流し、パレットナイフなどで塗り広げる。ビスケット（分量外）を砕いてふちに飾り、好みのサイズに切り分けて皿に盛る。

a

Note

「キャラメルクリーム・スイート」がないときは？

小鍋にグラニュー糖50gと水大さじ1を入れて強火にかけ、ふちが茶色く色づいてきたら中火にする。鍋を回して全体が茶色になったら火を止め、余熱で紅茶色にする。温めた生クリーム100㎖を加え、再び中火にかけてゴムべらで混ぜながら、全体がなじんでふつふつと煮立ったら火を止める。

Chapitre 4　Desserts froids au caramel

レモンキャラメルブリュレ

材料（レモンの半割り2個と約70㎖容量の耐熱のココット1個分）

レモン … 1個
卵黄 … 1個分
グラニュー糖 … 小さじ2 + 小さじ2
生クリーム … 60㎖
牛乳 … 50㎖

下準備

・レモンは縦半分に切り、果肉とわたの間にナイフを入れて果肉を取りはずす＜a＞。レモンの皮の底になる部分の黄色いところだけをすりおろす。すりおろした皮はとっておき、レモンの皮は器にする。

＊果肉は使わないので別のお菓子に使うとよい。

作り方

1　ボウルに卵黄とグラニュー糖小さじ2を入れ、泡立て器でよくすり混ぜる。

2　小鍋に生クリームと牛乳、取りおいたレモンの皮のすりおろしを入れて軽く混ぜ、中火にかけて沸騰直前まで加熱して火を止め、1に少しずつ加えてよく混ぜる。

3　フライパンにふきんを敷き、2㎝くらいの高さまで水を張る。レモンの皮の器が安定するようアルミ箔を輪にした台とココットをフライパンに並べる。台の上にレモンの皮の器をのせ、2をレモンの器に均等に流し入れ、残りはココットに入れる＜b＞。

＊生地はレモンの器のふちぎりぎりまで入れるとよい。

4　フライパンのふたをして中火にかけ、12分ほど蒸す。そのまま冷まし、粗熱がとれたら冷凍庫で30分冷やし固める。冷凍庫から取り出し、グラニュー糖小さじ2を均等にふりかけ、ガスバーナー（またはグリル）で表面を焦がす。

＊時間がたつとレモンのわたから苦みが出るため、半日以上おく場合は冷凍して半解凍で食べるのがおすすめ。

a

b

コーヒー風味のパンナコッタ
Panna cotta au café, sauce caramel

ミルキーな見た目に反して想像以上にコーヒー風味が口に広がります。ミルクとコーヒーとキャラメルの組み合わせはどこか大人っぽい味わい。すっきりとした後味のデザートです。

材料 （100mℓ容量のプリン型 4個分）

牛乳 … 150mℓ
コーヒー豆 … 10g
グラニュー糖 … 30g
　粉ゼラチン … 5g
　水 … 大さじ1と1/2
生クリーム … 200mℓ
キャラメルソース（p.8）… 適量

下準備

・温めた牛乳にコーヒー豆を入れてラップをかけ、冷蔵庫でひと晩冷やす。
・器に分量の水を入れ、粉ゼラチンをふり入れてふやかす〈a〉。

作り方

1　小鍋に準備した牛乳をこし入れ、グラニュー糖を加えて中火にかける。ゴムべらで混ぜながら溶かし、沸騰直前まで温めて火を止める。

2　ふやかしたゼラチンを加え、氷水を張ったボウルを当ててとろみが出るまでゴムべらで混ぜる。生クリームを加えてさらによく混ぜ、型に均等に流し、ラップをかけて冷蔵庫で2時間以上冷やし固める。

3　冷蔵庫から取り出し、皿をかぶせてひっくり返して型からはずす。キャラメルソースをかけていただく。

a

Colonne

くせになるおいしさ！
キャラメルのドリンク

人気のクラフトコーラから、
カフェみたいなキャラメルシェイクに
キャラメルビールまで、
キャラメル風味のドリンクは
甘いだけではありません。
炭酸水やジンジャエールなどで割れば、
くせになるさわやかなドリンクを楽しめます。

クラフトコーラ
Cola artisanal

キャラメルのほろ苦さを
ベースにしたクラフトコーラ。
スパイスやレモンが香る大人の味です。

材料 （作りやすい分量：約270g）

コーラシロップ
　キャラメル
　　グラニュー糖 … 30g
　　水 … 小さじ1と1/2
　熱湯 … 100mℓ
　レモンのくし形切り … 1/2個分
　グラニュー糖 … 150g
　しょうがの薄切り … 1/2かけ分
　カルダモン（ホール／
　　さやをはずしてすり鉢で
　　すりつぶす）… 5粒
　クローブ（ホール）… 2～3粒
　バニラシュガー（または
　　バニラエッセンス）… 少々
　シナモンスティック … 1本
炭酸水、氷 … 各適量

作り方

1　小鍋にキャラメルのグラニュー糖と分量の水を入れて強火にかけ、ふちが茶色く色づいてきたら中火にする。鍋を回してなじませ、全体が濃いしょうゆ色になったら火を止める。

2　分量の熱湯をゆっくり注ぎ入れ、再び中火にかける。レモンの果汁を搾り入れて皮ごと加え、残りの材料を加えて2～3分煮詰める。そのままおいて冷ます。
　＊粗熱がとれたら、煮沸消毒した保存容器に入れて冷蔵で保管する（レモンの皮はひと晩おいたら取り出す）。保存期間は約2週間。

3　グラス1杯につき2を大さじ2杯茶こしでこし入れ、氷を入れて炭酸水120mℓを静かに注ぐ。好みでシナモンスティックを添え、よくかき混ぜていただく。

キャラメルシェイク
Milkshake caramel

キャラメルフレーバーのドリンクの代表的な存在。キャラメルクリームがあれば、簡単に作れます。

材料（グラス1杯分）

バニラアイス … 110㎖
牛乳 … 60㎖
氷 … 60g
キャラメルクリーム・スイート（p.14）… 60g
アイスティー（無糖）… 80㎖
＊凍らせたものでもよい。

作り方

すべての材料をミキサーに入れて攪拌する。なめらかになったらグラスに注ぐ。好みでバニラアイスクリーム（分量外）を浮かべ、キャラメルソース（p.8）をかけてフロートにしても。

キャラメルビール
Bière caramel

魔法の国のバタービールをイメージしたキャラメルビール。甘い香りと爽快な味、むくむくな見た目の虜に。

材料（グラス1杯分）

キャラメルクリーム・スイート（p.14）… 20g
メープルシロップ … 小さじ2
レモンの搾り汁 … 小さじ1
バニラシュガー（またはバニラエッセンス）
　… 少々
ジンジャエール … 150㎖

作り方

グラスにジンジャエール以外の材料を入れてよく混ぜる。ジンジャエールを注いで軽く混ぜる。

若山曜子
Yoko Wakayama

菓子・料理研究家。東京外国語大学フランス語学科卒業後、パリへ留学。ル・コルドン・ブルーパリ、エコール・フェランディを経て、パティシエ、ショコラティエなどのフランス国家資格（CAP）を取得。パリのパティスリーやレストランで研鑽を積み、現在は料理雑誌や書籍、テレビなどで幅広く活躍するほか、オンラインでのお菓子教室も主宰。近著に『新装版 かわいいチョコレートのお菓子』（主婦の友社）、『お茶のお菓子』（マイナビ出版）がある。

www.tavechao.com
Instagram @yoochanpetite

撮影　ローラン麻奈
デザイン　三上祥子（Vaa）
スタイリング　曲田有子
校正　かんがり舎
フランス語校正　Ami van Waerbeke
　　　　　　　　Ayusa Gravier
　　　　　　　　Ayuko Sedooka-Berchtold
DTP　天龍社
プリンティングディレクション　石井 剛（大日本印刷）
アシスタント　菅田香澄
編集　守屋かおる
　　　若名佳世（山と溪谷社）

撮影協力
・cotta　https://www.cotta.jp/

・UTUWA
・cherie love & happy　Instagram @cherie.love.happy

キャラメルのお菓子

2024年10月5日　初版第1刷発行

著者　　　若山曜子
発行人　　川崎深雪
発行所　　株式会社　山と溪谷社
　　　　　〒101-0051　東京都千代田区神田神保町1丁目105番地
　　　　　https://www.yamakei.co.jp/
印刷・製本　大日本印刷株式会社

・乱丁・落丁、及び内容に関するお問合せ先
山と溪谷社自動応答サービス
TEL．03-6744-1900
受付時間／11:00～16:00（土日、祝日を除く）
メールもご利用ください。
【乱丁・落丁】service@yamakei.co.jp
【内容】info@yamakei.co.jp
・書店・取次様からのご注文先
山と溪谷社受注センター
TEL．048-458-3455　FAX．048-421-0513
・書店・取次様からのご注文以外のお問合せ先
eigyo@yamakei.co.jp

定価はカバーに表示してあります
落丁・乱丁本は送料小社負担で
お取り替えいたします
禁無断複写・転載

©2024 Yoko Wakayama
All rights reserved.
Printed in Japan
ISBN978-4-635-45077-5